W0313951

DESSINE
ET GUÉRIS-TOI

À la recherche de ton paysage intérieur

© Éditions Dervy, 1998
ISBN : 2-85076-961-4

Docteur Raphaël CARIO

DESSINE ET GUÉRIS-TOI

À la recherche de ton paysage intérieur

Éditions Dervy
34, boulevard Edgar-Quinet
75014 Paris

Sous la direction de Geneviève Dubois

Sommaire

N. B. : Ce livre ne doit pas être feuilleté, il doit être lu dans la continuité surtout pour la première partie.

Mes pensées vont :

Au Docteur Roger Fix qui m'a fait connaître la profondeur de ce « dessin-test » lequel, réalisé dans la spontanéité, fait appel à notre inconscient ou plutôt à notre conscience encore endormie. Il a éveillé en moi l'émotion spirituelle. Il m'a montré les clés de l'Amour qui nous mènent au bien-Être. La première partie de ce travail est inspiré de son enseignement.

À mon frère Jean-Jacques, parti très jeune. Sa force et son courage devant la maladie, la souffrance et la mort ont ouvert ma conscience à une compréhension plus large et plus extraordinaire de la vie et de l'Être. Il m'a appris tant de choses...

À toutes les difficultés et toutes les épreuves qui m'ont mis sur la voie et qui m'ont permis de vous livrer ce travail de synthèse : elles ont toutes été nécessaires à mon évolution...

À nous tous parents, qui devons sans cesse chercher à nous améliorer pour nos enfants...

À tous ceux et toutes celles qui se reconnaîtront au détour d'une page, d'un dessin, d'une citation... Que de connaissances nous avons encore à découvrir et à partager ensemble...

À tous les thérapeutes qui pourront bénéficier de ce test très simple pour eux-mêmes et pour leurs patients.

À tous ceux et toutes celles pour qui la lecture de cet ouvrage sera un outil d'éveil, sans aucun danger...

Préface

Un des sept sages de la Grèce avait fait graver au fronton du temple d'Apollon à Delphes, la maxime bien connue de tous :

Connais-toi toi-même...

On connaît cette injonction, mais on n'en mesure pas souvent la difficulté d'application. Socrate l'avait choisie pour devise, et n'avait cessé d'en rappeler la primordiale importance, en particulier dans le *Second Alcibiade*. La psychanalyse, à notre époque, a jeté un jour nouveau sur la difficulté de la tâche, en montrant que l'inconscient nous rend obscurs à nous-mêmes et que nos efforts pour dissiper cette obscurité restent impuissants sans aide et sans une longue reprise en main de notre passé.

Avec le livre du Docteur Raphaël Cario, nous découvrons une approche toute nouvelle de la connaissance de soi. La méthode exposée ici peut être testée par chacun d'entre nous, sans passer par de longs détours. Il suffit de réaliser, même sans avoir de don artistique, un dessin dont la symbolique sera lue par le thérapeute. Les clés pour l'interprétation du dessin ont été vérifiées, remises au point et enrichies par l'auteur après des années d'expérience.

Bien au fait des grandes traditions spirituelles de l'humanité, le Docteur Raphaël Cario nous propose un cheminement, à partir de notre dessin, vers une vie plus harmonieuse, gage de santé et de bonheur. Notre relation à nos parents, que tous les psychanalystes reconnaissent comme déterminante dans l'élaboration de notre personnalité, est, même dans les meilleurs cas, une épreuve à surmonter. Le dessin permet de la lire à livre ouvert. On nous donne alors un moyen de la gérer au mieux – ou plutôt deux moyens : la prise de conscience, avec l'aide de l'interprète, et le pardon.

Prendre conscience de nos blessures, et ensuite pardonner à ceux qui les ont causées, c'est nous libérer de tout ce qui entrave notre joie de vivre et notre créativité. Il faut devenir pleinement adultes avant de pouvoir nous ouvrir aux autres avec un vrai amour et une vraie compassion. Pas d'autre moyen que de liquider notre passé, de pardonner à nos parents, de nous défaire de tous les ressentiments de l'enfance.

Le livre se poursuit par une partie entièrement consacrée à l'importance de la pensée positive sur la conduite de la vie. Le Docteur Raphaël Cario réhabilite ce grand méconnu, le pharmacien Émile Coué, en nous faisant retrouver les vertus de l'autosuggestion, de la répétition des affirmations positives, dès que se présente à notre esprit la tentation du doute, de la négation ou du désespoir. C'est en réformant nos pensées par la parole créatrice que nous arriverons à réformer nos réactions devant la réalité.

Tout ceci est une mise en application de ce qu'on appelle depuis Huxley « la Philosophie Éternelle ». Il s'agit de croire à l'Esprit qui est en nous, de nous fier à l'inspiration. Se rendre disponible à cette voix intérieure suppose l'effacement de nos crispations, de nos peurs, de nos anxiétés, qui viennent de notre ego infantile.

Voici donc un chemin qui nous est proposé : laissons revivre, par la grâce du dessin, l'enfant naïf et spontané qui est en nous. L'auteur nous aidera à interpréter notre passé et nous conseillera les remèdes à nos blocages et à nos frustrations. Si nous suivons avec conscience, confiance et persévérance ces directives hautement pratiques, nous améliorerons certainement nos rapports au monde et à nos proches.

Jeannine Orgogozo-Facq [1]

1. J. Orgogozo-Facq, *Initiation à l'Histoire des Religions : les trois états de la religion*, Dervy, 1991.

Le tout petit dieu

Dans les temps immémoriaux, les dieux se réunirent pour le plus grand concile de tous les temps. Des eaux primordiales, dans un rêve du Grand Esprit, ils avaient créé le ciel et la terre, les minéraux, les végétaux et les animaux. La manifestation n'attendait plus que l'homme.

Mais, avant de le créer, il fallait résoudre une grave question : ***où allait-on cacher la connaissance dans l'univers ?***

Dans cet ailleurs intemporel, un premier dieu prit la parole :

– « Il faut cacher la connaissance au plus profond des océans ! »

Un deuxième dieu prit la parole :

– « Il faut la cacher au plus profond de la terre ! »

Un troisième prit la parole :

– « Il faut la cacher sur la plus haute des montagnes ! »

Mais aucune de ces propositions ne fut retenues car l'Être qu'ils allaient créer serait doué d'un savoir et d'un intellect extraordinaires...

Ils réfléchirent encore des millions et des millions d'années.

Alors qu'ils se désolaient de ne trouver aucune solution satisfaisante, ils remarquèrent qu'un tout petit dieu qu'ils avaient oublié d'inviter venait de les rejoindre. Il demandait la parole et ils la lui accordèrent :

– « Il n'y a qu'un seul endroit où cacher la connaissance : dans l'homme ! Là où il lui faudra beaucoup d'Esprit et d'Amour pour la retrouver. Cet endroit, au plus profond de lui-même, c'est son cœur ! »

Tous applaudirent en riant, et ils créèrent l'homme.

Introduction

Ce livre a pu voir le jour grâce à un petit dessin semblable à ceux que réalisent spontanément les enfants. L'origine de ce dessin-test est floue. Il m'a été transmis il y a environ dix ans, par mon ami le Docteur Roger Fix qui le tenait lui-même d'un médecin qui le lui avait fait faire et le lui avait interprété. Il débutait à l'époque ses études de médecine et plus tard, l'idée lui vint de soumettre ses patients à ce test.

Les tests psychologiques par le dessin existent depuis le début du siècle. La démarche justifiant de les proposer dans un but d'orientation professionnelle ou thérapeutique était empirique et intuitive. Certains tests ont suivi une voie de recherche méthodique, mais ils concernaient surtout les enfants et uniquement l'aspect psychologique.

Ma démarche est toujours empirique et intuitive, mais ce qui frappe et bouleverse, c'est la justesse, la coïncidence entre ce qui est exprimé sur la feuille de papier, ce que verbalise le patient sur sa vie et ce qui se retrouve au plus profond de son Être. Cette coïncidence m'a conduit à continuer et sur dix années de pratique médicale, des centaines et des centaines de dessins m'ont fait progresser dans l'analyse et l'interprétation de ce test qui trouve sa force dans la teneur symbolique des éléments qui le composent et qui composent l'Être. Grâce à ce dessin révélant notre paysage intérieur et notre imaginaire, découvrons l'essentiel.

Quelles que soient ses convictions, ses motivations conscientes, l'homme a pour finalité de chercher et de trouver l'Amour dans l'intériorité de son Être. Le but de cet ouvrage est de donner au lecteur la possibilité de positiver sa vie afin de la diriger avec conscience et enthousiasme vers le bonheur. Là, est la véritable guérison annoncée par le titre, dans notre Être, en nous libérant de nos peurs. Il ne s'agit pas, bien sûr, de guérison miraculeuse de maladies que nous connaissons, mais d'une harmonisation de l'individu avec les lois de la nature humaine, une recherche consciente des potentialités positives de l'Être pouvant devenir une véritable attitude préventive. Notre chemin de vie peut nous mener à cette altitude de l'Être.

Mais sur cette voie, certains de nos sens peuvent être trompeurs.

Adieu, dit le renard. Voici mon secret. Il est très simple : On ne voit bien qu'avec le cœur. L'essentiel est invisible aux yeux[1].

L'important est invisible aux yeux disait le renard.

Il est vraisemblable, comme nous le verrons plus loin, que ce que nous voyons avec nos yeux ne soit qu'illusion. L'essentiel est ailleurs, à la portée de notre main dans le mystère de l'Être qui n'aspire qu'à Être.

Trouvons des éléments de réponses aux questions existentielles que nous nous posons depuis la nuit des temps, en évitant de trop intellectualiser.

À distance des dogmes, osons aborder cette spiritualité, sans arrière-pensée, sans réticence, sans préjugé, avec candeur, afin d'éveiller notre conscience à la connaissance ou plutôt à la manifester, comme le prince charmant, par un baiser, réveille la Belle au Bois dormant...

Aujourd'hui, la plupart des hommes ont perdu leurs repères ; ils sont désorientés. Nous vivons dans une civilisation qui s'est éloignée de la sagesse que l'on peut encore retrouver dans certains îlots de cultures traditionnelles (par exemple les aborigènes d'Australie).

Le désir de se réorienter doit naître en chacun. On retrouve cette notion d'orientation dans de très nombreuses cultures : nos églises, nos cathédrales sont très souvent construites d'Est en Ouest. De même chez les indiens sioux, lors de certains rituels, la porte est construite à l'Est et le feu sans fin est placé à dix

1. A. de Saint-Exupéry, *Le Petit Prince*, Gallimard, 1988.

pas de cette porte, toujours à l'Est, car c'est de là que vient la sagesse et la lumière.

Laissons-nous enseigner par les légendes, les mythes et les contes et, comme Aladin, illuminés par notre lampe, partons en quête de notre légende personnelle.

Chaque homme sur terre a un trésor qui l'attend, lui dit son cœur. Nous, les cœurs, en parlons rarement, car les hommes ne veulent plus trouver ces trésors. Nous n'en parlons qu'aux petits enfants. Ensuite, nous laissons la vie se charger de conduire chacun vers son destin. Malheureusement, peu d'hommes suivent le chemin qui leur est tracé, et qui est le chemin de la Légende Personnelle et de la félicité[1].

Guidé par notre Génie découvrons avec enthousiasme ce que les dieux ont caché au plus profond de nos cœurs.

Alors seulement, grâce à l'Amour, nous atteindrons le rivage de la vérité, éclairé de cette lumière sans ombre qui nous fait contempler les cristaux scintillants de mille éclats et de mille couleurs. Ce travail, ou plutôt cette tension vers nous-même, guidé par l'interprétation de ce test va nous permettre de découvrir l'origine de nos maux, les raisons de nos comportements, en plongeant aux racines de notre conscience et nous trouverons plus facilement les solutions à nos problèmes.

Comme dans un conte de fée, notre vie devient une grande aventure dont nous sommes le héros. Devenons le Prince à la recherche de sa Princesse, et projetons-nous dans la dimension intérieure de l'imaginaire. Chaussons les bottes de sept lieues, afin de ramener dans le monde tous les trésors cachés de ce pays des Merveilles.

1. Paolo Coelho, *L'alchimiste*, Flammarion, 1996.

PREMIÈRE PARTIE

Le dessin

Ce test va vous permettre d'explorer votre conscience. Vous allez retourner à l'école maternelle et redevenir un instant un tout petit enfant.

On présentait à Jésus des enfants pour les lui faire toucher.
Mais les disciples les écartaient vivement.
Voyant cela, Jésus se fâcha et leur dit :
« Laissez les enfants venir à moi ; ne les empêchez pas car le royaume de Dieu est à ceux qui leur ressemblent. Je vous le dis, celui qui n'accueille pas le Royaume de Dieu à la manière d'un enfant n'y entrera pas[1]. »

Installez-vous dans un endroit calme.
Dépouillez-vous de votre intellect.
Ayez à disposition une demi-feuille de papier, des stylos, crayons, crayons de couleur, feutres, etc.
Vous allez dessiner, en toute spontanéité, sur cette feuille de papier prise horizontalement, cinq éléments.
Être spontané, c'est faire appel à la conscience des profondeurs.

Tournez la page et lisez à haute voix, une seule fois, ces cinq éléments.

---

1. Marc **10** 13.

UN ARBRE

UNE MAISON

DE L'EAU

UN SOLEIL

UN SERPENT

Réalisez votre dessin en toute liberté.
5 à 10 minutes vous suffiront.
Tournez la page, posez votre livre.

Vous venez de faire votre dessin.

Si vous avez oublié un ou plusieurs éléments, revenez à la page précédente, notez lequel ou lesquels.

Si vous le désirez, dessinez le ou les éléments manquants.

Le dessin sera commenté plus loin ; des exemples vous seront proposés et vous pourrez ainsi interpréter votre propre dessin.

Ce test n'a rien de scientifique mais il vous aidera à vous mettre sur la voie.

Quadripartition de la nature humaine

Au commencement, Dieu avait créé le ciel et la terre. Or la terre n'était que solitude et chaos. Des ténèbres couvraient la face de l'abîme et le souffle de Dieu planait sur la face des eaux [...]

Que la terre produise des végétaux [...]

Que les eaux fourmillent d'une multitude animée vivante, que les oiseaux volent au-dessus de la terre [...]

Que la terre produise les Êtres animés selon leur espèce, bétail, reptiles, bêtes sauvages de chaque sorte [...]

Dieu créa l'homme à son image[1].

Au sein de l'infini de l'univers,
dans le vertige du temps,
la terre, demeure de tous les hommes.
Quatre règnes coexistent ici et maintenant sur notre planète,
quatre règnes s'intègrent dans la nature pour continuer leur évolution.

- Le règne minéral
- Le règne végétal
- Le règne animal
- Le règne humain

1. Genèse.

Le règne minéral

La pierre, la roche sont les constituants de la matière.

L'élément qui correspond au minéral : la TERRE.

Le règne végétal

Les plantes, les fleurs, les arbres, ont besoin de la Terre mais pour pousser il leur faut surtout de l'eau.

L'élément qui correspond au végétal : l'EAU.

Le règne animal

L'animal, la fourmi, le chat, le lion, l'éléphant, les oiseaux, etc. ont besoin d'air pour respirer.

L'élément qui correspond à l'animal : l'AIR.

Le règne humain

L'homme a besoin de la Terre, de l'Eau, de l'Air ; mais un quatrième élément lui correspond plus spécifiquement : le FEU.

L'Être est alimenté par le FEU.

Quatre éléments que l'on retrouve dans de nombreuses traditions.

L'homme est constitué symboliquement de ces quatre éléments : TERRE, EAU, AIR, FEU.

– *La Terre*

Dans l'Être humain elle symbolise ce qui va le constituer dans sa matérialité, sa chair, ses organes, ses os :

TERRE = NIVEAU PHYSIQUE =
NIVEAU MÉCANIQUE = NIVEAU ORGANIQUE =
LA STRUCTURE

– *L'Eau*

La vie – les forces de la vie. Elle permet à la plante de pousser au printemps, ou plutôt de repousser au printemps après la mort apparente à l'automne, car la magie de la nature est dans la graine, cycle de vie, de mort, de renaissance...

Une cellule unique va se diviser, se multiplier, pour donner un embryon, un fœtus, un bébé, un enfant, un adolescent, un adulte...

Des cellules qui au départ sont identiques, se différencient pour former des organes, un foie, une rate, un cerveau, un œil...

nos plaies vont cicatriser...

miracle de la vie qui nécessite beaucoup d'énergie.

Le miracle de la vie est à mettre sur le compte de l'eau qui nous constitue principalement.

EAU = NIVEAU BIOLOGIQUE = NIVEAU ÉNERGÉTIQUE
= NIVEAU VÉGÉTATIF = LA FONCTION

– *L'Air*

L'animal respire

ses poumons se gonflent, se dégonflent

son cœur bat

ses artères pulsent

le sang circule

le rythme entre en scène

l'instinct apparaît, les sens sont en alerte pour satisfaire les besoins vitaux

la lutte pour la pérennité de l'espèce s'organise.

L'animal est doté d'un instinct, d'une âme de groupe propre à son espèce qui l'harmonise avec la nature.

Toutes les girafes fonctionnent comme toutes les girafes, tous les lions comme tous les lions, toutes les fourmis comme toutes les fourmis, tous les aigles comme tous les aigles....

Chez l'Être humain, cet instinct existe mais il s'individualise en fonction du vécu de chacun et en fonction du vécu de la société dans laquelle il vit...

Il devient le PSYCHISME.

AIR = NIVEAU PSYCHIQUE

– *Le Feu*

l'homme acquiert par rapport à l'animal la verticalité par la station debout, mais aussi le rire, la parole articulée et la maîtrise du feu

le feu réchauffe, éclaire et illumine l'Être humain, mais attention, il brûle...

Le feu est à double tranchant, il peut embraser, brûler et détruire l'Être ; il peut réchauffer, illuminer et fusionner l'Être à l'âme du monde.

Dans le feu, toutes les potentialités de l'Être entre la haine et l'amour s'expriment.

Celui qui lâche prise avec le pouvoir de la haine qui divise, discerne le Pouvoir de l'Amour qui unit.

On abordera un peu plus loin son Essence.
Le Feu caractérise la conscience
la conscience d'Être
la conscience du temps
la conscience de la vie et de la mort.

FEU = NIVEAU CONSCIENCE = NIVEAU SPIRITUEL

Dans cette quadripartition de la nature humaine, seul le corps physique est visible ; le reste qui concerne
le fonctionnement de nos énergies
le fondement de nos états d'âmes
la pureté de nos pensées
est invisible (sauf à certains dont les perceptions sont plus sensibles...)

Cette quadripartition est bien sûr, très théorique. Nous connaissons des pierres qui ressemblent à des plantes, des plantes qui sont carnivores, des animaux qui ont une certaine conscience de la mort (cimetière des éléphants – chien qui hurle à la mort), etc.

Certains animaux sont très proches des humains, et certains humains proches des animaux... il y a aussi de grandes différences entre des civilisations très éloignées (par exemple aborigènes de zones très reculées – et citadins des grandes métropoles).

L'Être humain évolue entre deux pôles :
un pôle matériel, mortel, inscrit dans le temps, visible, caractérisé par le verbe avoir.
un pôle esprit, peut-être immortel – intemporel – éternel, invisible, caractérisé par le verbe Être.

Quadripartition de la nature humaine

Règne Humain **FEU**	Conscience	Invisible	Immortel Éternel Intemporel	**Être** Esprit
Règne animal **AIR**	Psychisme			
Règne végétal **EAU**	Biologique			
Règne minéral **Terre**	Physique	Visible	Mortel Temporel	**Avoir** Matière

Ce niveau : Conscience – Esprit – Être Immortel – Éternel – Intemporel peut être abordé par la tradition, la mystique, la religion, et chacun s'y référera en fonction de ses opinions, de ses croyances et de ses convictions.

Comment les *non-croyants* peuvent-ils intégrer cette dimension ?

Depuis quelques décennies, la physique quantique nous donne des pistes de fusion entre la science et la philosophie et de nombreux ouvrages ont été écrits sur le sujet (voir bibliographie).

Que nous apprennent les physiciens quantiques qui deviennent, de découverte en découverte, des physiciens gnostiques ?

Bien qu'en général ils s'en défendent comme de beaux diables, les physiciens d'aujourd'hui élaborent des théories ou même réalisent des expériences qui plongent au plus profond de l'Être et remettent en cause l'existence même de la matière, telle du moins qu'on l'imagine couramment [...]

Bien plus, certains (dont des prix Nobel de physique) vont jusqu'à considérer l'univers comme une fantasmagorie d'essence spirituelle [1].

1. Sven Ortoli, Jean-Pierre Pharabod, *Le Cantique des Quantiques*, La Découverte, 1998.

Illusion de la Matière et du Temps

Un soir, un de mes amis me livra quelques réflexions :

Depuis plus de deux siècles, sous l'influence du progrès considérable des sciences et des techniques, notre société occidentale s'est dirigée sans aucune arrière-pensée vers un rationalisme triomphant. Cette vision du monde, satisfaisante pour l'intellect prône la toute puissance du savoir matérialiste. Tout s'explique de manière mécaniste et déterministe. Mais les scientifiques eux-mêmes ont tout remis en cause avec l'apparition de la physique quantique. Leurs découvertes réconcilient la science avec la pensée traditionnelle qui se veut antérieure à toute religion. Selon cette tradition primordiale, le monde manifesté, dans lequel nous vivons, est lié au monde du Principe, car l'un et l'autre sont de même essence. Il y a donc coïncidence entre le monde manifesté et le monde non-manifesté.

Cette vision traditionnelle, unissant l'existence et l'essence s'est occultée au cours du temps pour donner naissance aux religions. Elle s'est appauvrie en préoccupations morales, sociales et sentimentales. Dieu s'est trouvé séparé ainsi de sa création.

Avec la physique quantique, le regard sur l'univers change. Il devient un ensemble dynamique, indissociable incluant toujours l'observateur de manière essentielle.

L'espace et le temps ne sont qu'un mode de notre sensibilité, un cadre physique où se passent nos vies... Ce monde nous apparaît tel que nous le percevons, car nous opérons une séparation par le filtre de notre pensée. Cependant, derrière l'apparence une seule chose nous lie : l'Être...

Dans de très nombreuses traditions, la matière et le temps sont considérés comme une illusion, le monde manifesté dans lequel on vit devient alors comme un « rêve ». Albert Einstein écrivait qu'un Être humain fait partie d'un tout appelé univers mais que par une sorte d'illusion d'optique de sa conscience, il a l'impression d'être séparé du monde.

La Matière

En plongeant dans l'infiniment petit de la matière, après les atomes, les neutrons, les protons, les électrons que tout le monde connaît, les physiciens ont cru trouver la particule élémentaire de matière, comme l'avaient supposé, il y a longtemps, les philosophes grecs, notamment Démocrite.

En fait, il n'en est rien. À partir d'un certain niveau on ne trouve plus de particule, on ne trouve qu'onde ou vibration donc Énergie.

Alors les physiciens ont utilisé des phrases pour définir ces nouvelles théories, ces nouveaux concepts. Elles rejoignent souvent celles que les sages hindouistes, bouddhistes, taoïstes ont employées pour leur mystique, il y a 5 à 6 000 ans...Quelle coïncidence !!!

La Matière est illusion.

Le Temps

La théorie de la relativité élaborée par Einstein avait déjà éclairé toute la science. L'espace devenu l'espace-temps n'est plus un cadre immuable et absolu.

Des physiciens, dans certaines théories de mécanique quantique, postulent qu'il *existerait*, à l'intérieur de chacun de nos électrons, des particules *sans masse*, les *tachyons* qui évolueraient à des vitesses supra lumineuses (plus vite que la lumière).

Le Temps est illusion.

Nous vivons dans un certain espace-temps, mais pouvons-nous avoir accès à d'autres temps et à d'autres espaces ? Que fait notre imaginaire pendant le rêve ? Ne sommes-nous pas en plein film de science-fiction ?

La méditation, la prière, les états altérés de conscience, l'hypnose nous permettent-ils de nous extraire, d'échapper à notre monde matériel ?

Le but de notre passage sur terre ne serait-il pas de profiter de ce temps et de cet espace, même s'ils ne sont qu'illusion, que rêve, pour lier notre esprit et notre corps physique ? (notre Être et notre avoir).

Tripartition de la nature humaine

Le Calumet comporte, à côté de son symbolisme quaternaire, un autre, ternaire celui-ci, qui se rapporte aux trois mondes, et auxquels correspondent respectivement le ciel, les points cardinaux et la terre. Ces trois mondes se trouvent d'ailleurs aussi indiqués, chez les Indiens Corbeaux (Crow, Absaroka), sous la forme de trois anneaux peints sur le mat central de la Danse du Soleil, mat qui signifie l'arbre de Vie ou l'Axe du Monde, conformément au symbolisme hyperboréen ; ils sont alors interprétés comme formant le ternaire (en sens ascendant) « Corps, Âme, Esprit », ou « grossier, subtil, pur »[1].

Se dessine alors une nouvelle vision de l'Être humain entre un pôle matériel et un pôle spirituel. Entre les deux, le vécu, les événements de la vie, alimentent la vie psychique qui va rythmer l'évolution.

Rappelez-vous qu'il n'existe rien de constant dans l'univers si ce n'est le changement[2].

Les moteurs de notre évolution vont être toutes nos expériences, bonnes et mauvaises, qui jalonnent notre parcours.

Se met en place une tripartition de la nature humaine : Corps, Âme, Esprit (Corpus, Animus, Spiritus).

Dans cette tripartition, le mot âme (Animus) est en rapport avec l'instinct. Il se rapproche du souffle créateur qui anime. Il est en rapport chez l'homme avec le psychisme.

---

1. Hehaka Sapa, *Les rites secrets des Indiens Sioux* , Mail, 1992.
2. Bouddha.

L'âme est à l'image d'un ressort, entre le corps et l'esprit : plus le ressort est soumis aux forces matérielles des pulsions animales, plus il s'abaisse, plus l'Être reste dans le non-Être ; plus l'homme par ses facultés d'intelligence et de raisonnement est attiré vers le haut, plus le ressort s'élève vers l'esprit, plus il exprime sa haute nature.

On a trop souvent voulu, par la compréhension, séparer dans l'Être ces différents niveaux. D'ailleurs, dans d'autres traditions, vous entendrez parler non seulement de trois ou quatre niveaux, mais aussi de sept et plus. Vous entendrez parler de corps physique, corps éthérique, corps astral, corps spirituel, corps mental, corps mental supérieur, corps mental subtil, corps émotionnel, corps causal, corps intuitif, corps divin... Tout cela n'est pas important, même si nous en avons besoin pour raisonner et rendre intelligibles certaines questions. Car, comme nous l'avons vu avec la physique quantique, tout est énergie. À un autre degré de réalité de l'Être, nous pourrions parler d'énergie matière, d'énergie biologique, d'énergie psychique, d'énergie spirituelle, mais ce serait toujours aussi faux, car à un autre niveau de compréhension, cette énergie est une. Toutes ces énergies ne sont en fait que des éclairages différents de l'Être qui lui, est Un dans le Principe ; elles nous apparaissent et nous les comprenons au travers de notre raisonnement.

Dans l'alchimie traditionnelle, l'Être est composé de quatre éléments (terre, eau, air, feu) et trois principes (mercure, soufre, sel).

Toute chose dans l'univers peut être ramenée à une *materia prima,* une matière première, un homme brut, dépouillé de son savoir et de son intellect ; alors la voie de l'évolution s'ouvre à lui et il pourra entrevoir après des étapes successives le feu de la conscience et de l'esprit qui mène à la connaissance.

La vie est un projet d'harmonisation qui peut permettre à l'homme de découvrir le secret de la nature par la prise de possession de son Être, après transformation de son ego.

Tripartition de la nature humaine

Esprit	Spiritus	Conscience	**Soi**
Âme	Animus	Psychisme	**Moi**
Corps	Corpus	Biologique, physique	**moi**

Pour une quête de la sorte, enthousiasme, engagement, liberté, volonté, courage et responsabilité sont nécessaires, sans oublier l'humilité, car c'est lorsqu'on prend conscience que l'on est rien, que l'on peut avoir accès à l'Être et devenir tout.

L'origine de nos maux

Quel était ton visage originel avant que ton père et ta mère ne fussent nés[1] ?

Deux pôles s'interpénètrent en l'homme, un pôle lié à la matière, un pôle lié à l'esprit.

Laissons-nous guider par notre pensée logique : de cet « ailleurs intemporel » où je suis fusionné à l'Essence de l'Être, j'apparais, comme par miracle, dans la manifestation. J'existe et j'ai un corps dans l'espace et le temps terrestre de la création.

L'enfant qui vient au monde est directement issu du monde spirituel. Il est rempli de l'esprit, pénétré de vie. Il est LA VIE. Étant pénétré de l'esprit dont il est issu, il baigne dans la connaissance, il possède le savoir absolu, il est dans le secret des dieux[2].

Si l'on raisonne à partir de notre monde manifesté, soumis au temps, l'Esprit précède la matière, l'Essence précède l'existence tout en se rappelant qu'à un autre niveau, il y a coïncidence entre Essence et existence.

En puissance de se matérialiser, les énergies du haut descendent dans le bas, se cristallisent. L'Être vient dans l'avoir ; on dit aussi que l'âme s'incarne dans un corps et l'acte d'exister se réalise.

Si nous sommes malades dans notre corps physique, c'est

1. Koan zen.
2. Roger Fix, *Amour, clef du Bien Être*, Éditions du Rocher, 1994.

peut-être que nos énergies fonctionnent mal, que notre psychisme a été perturbé par un ou des événements conflictuels, des stress importants, des traumatismes physiques ou émotionnels.

Mais au-dessus, il y a notre conscience...

Que s'est-il passé dans notre Esprit, notre Être profond ?

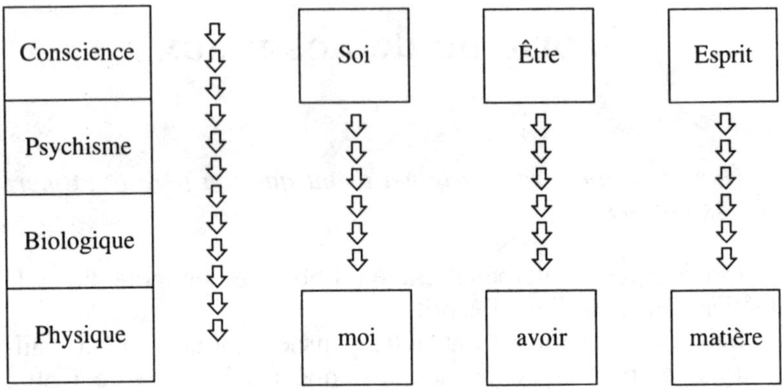

Si je veux me comprendre au plus haut degré de mon Être, je vais devoir explorer ma conscience, mon Être profond.

Mais comme je n'ai pas conscience de ma conscience, je situe l'origine de mes maux dans mon inconscient (mon subconscient).

Si je me souviens du conte sur les dieux, de la préface, je pressens de quel ordre va être la voie qui s'ouvre devant moi...

Mais revenons à l'origine profonde de nos maux ; l'essence profonde de notre esprit est le feu. Le feu, essence de l'Être, nous rapproche de l'image du Principe, de sa transcendance et de son immanence.

Quel est ce feu principiel ? Ce feu qui réchauffe et illumine l'Être ?

Ce feu est la grande loi qui régit Tout, sans quoi rien ne serait dans l'univers.

Ce feu, c'est l'Amour.

Un jour, quand nous aurons maîtrisé les vents, les vagues, les marées et la pesanteur... Nous exploiterons... l'énergie de l'amour. Alors, pour la deuxième fois dans l'histoire du monde, l'homme aura découvert le feu[1].

Aimer : ce mot qu'on utilise en français pour tout et n'importe quoi : j'aime le football, j'aime le poisson, j'aime mon mari, j'aime Dieu....

Cet amour est à l'image du feu, à double tranchant, il peut unifier, engendrer la symbiose, l'unité, la fusion, la communion. Pour avoir accès à cette unité, le symbole[2] est souvent nécessaire. Mais le feu peut aussi diviser[3] et détruire, s'il est mal utilisé. Il peut aussi purifier.

Cet amour permettant l'accès à la connaissance a été placé par les dieux au plus profond de nos cœurs..

Mais qui donc nous a transmis cet amour ?

La réponse paraît simple : nos parents.

Papa et maman sont-ils capables de nous transmettre l'amour 100 % positif ?

Et si nous sommes nous-mêmes déjà parents : avons-nous été capables de le transmettre 100 % positif ?

À ces questions, tous répondent non, il n'est pas possible de transmettre l'amour 100 % positif à un enfant.

Nous avons donc tous du négatif à l'intérieur de nous-mêmes.

Et puis qu'est-ce qu'aimer un enfant ?

Comment aimer un enfant ?

Aimer un enfant est difficile, on fait tous des erreurs.

Ce qui revient à dire qu'on aurait tous à l'intérieur de nos cœurs un manque d'amour, ou plutôt un manque apparent d'amour, car l'amour ne peut pas être à moitié : il Est.

---

1. Pierre Teilhard de Chardin, *Le Phénomène humain,* Seuil, 1970.

2. Symbole, du grec *sumbollein* = jeter ensemble mais aussi *sumbollos* = signe, marque. La signification grecque du mot *symbole* est très fonctionnelle : à l'origine le symbole est un morceau de bois que l'on brise en deux afin que les personnes ayant passé contrat, lorsqu'elles se retrouvent, puissent vérifier leur accord en mettant ensemble les deux parties qui étaient séparées. C'est le premier sens du mot symbole, l'idée de se rejoindre, de se faire reconnaître. Par l'intermédiaire du symbole, on peut donc rejoindre une autre réalité de l'ordre du sacré et de l'union des opposés.

3. Diviser, du grec *diabolein.*

Comme dans une géode, toute une gangue de matière, de pierre, de terre, nous empêche de percevoir les cristaux d'amour qui scintillent de mille éclats et de mille couleurs dans notre cœur.

Mais ils y sont.

L'Amour est pleinement présent tout au fond de nous-mêmes.

Pourquoi avons-nous de la difficulté à transmettre cet amour à nos enfants ?

Parce qu'on ne transmet que ce que l'on a reçu !

Donc si nous n'avons pas rétabli l'harmonie en nous-mêmes, nous transmettons inconsciemment du négatif qui nous vient de nos aïeux. Plus nous nous améliorons, plus nous améliorons nos enfants.

Qu'il est difficile d'être parent ! il n'y a pas d'école pour les parents...

Mais aussi qu'il est difficile d'être enfant !

On pourrait avancer qu'Aimer est quasiment impossible sur terre, car Aimer c'est donner sans condition, donner sans attendre le retour, c'est le don Inconditionnel...

Sommes-nous capables d'Aimer ?

Aimer l'autre, son mari, sa femme, les autres, ses amis, ses enfants est quasiment impossible... On attend toujours de l'autre, et souvent inconsciemment, car l'amour de l'autre rassure, nous permet d'exister un peu plus en apparence, mais ne nous permet pas d'Être.

Bien sûr nous aimons notre mari, notre femme, nos enfants, nos parents, nos amis, mais cet amour est entaché d'égoïsme.

Ce manque, ce vide d'amour apparent que l'on ressent ou que l'on ne ressent pas, on va chercher à le combler avec l'autre, avec les autres dans nos relations : car la nature a horreur du vide.

Inconsciemment, on va aimer (avec un petit a) plus pour soi que pour l'autre.

Cet amour va être égoïste, et pour ne pas être égoïste, ou essayer de l'être moins, il va falloir avoir envie de nous aimer nous-même, partir à la découverte de l'amour que les dieux, dans des temps immémoriaux ont caché profondément dans nos cœurs, afin de briser la géode et de mettre à la lumière les merveilleux cristaux scintillant de mille éclats et de mille couleurs.

Car si on *s'aimait soi-même,* alors on pourrait donner au centuple ; et étant plein d'Amour, on n'aurait besoin de rien en retour.

Aimer, c'est harmoniser en soi, son Être masculin et féminin – notre dualité – dont les images nous sont transmises par papa et maman qui les ont reçues eux-mêmes de leurs parents, de leurs grands parents, de leurs aïeux...

Et on pourrait, pourquoi pas, remonter jusqu'au jardin d'Éden, au paradis, lieu éternel intemporel où l'Adam primitif, androgyne, devient Ish l'époux et Isha l'épouse, c'est-à-dire l'archétype du parfait masculin et l'archétype du parfait féminin.

Mais « trompés » par le serpent, ils mangent *le fruit défendu* et deviennent Adam (qui signifie le terreux) et Ève (la vie).

Un psychodrame, un choc émotionnel d'une portée considérable et cosmique vient de se passer.

Il est à noter avec Annick de Souzenelle, et on le verra plus loin, que les traductions ont fait dire que de l'Être primordial Adam, Dieu avait créé la femme à partir d'une de ses *côtes* alors qu'il s'agit sans doute du *côté* caché et invisible de l'Être : la face féminine de Dieu !

Lors de cet événement, les premiers sentiments d'agression, de haine, de culpabilité, de péché, d'interdit, de honte, d'angoisse, de peur apparaissent... et le fautif, puisqu'il faut un coupable, ce fautif apparemment, c'est le serpent qui a trompé la femme qui, elle-même, a fait manger du fruit défendu à l'homme...

Mais sans serpent (créature divine) pas de chute, pas de matérialité, donc pas d'humanité, pas de manifestation, ni de création, donc pas de possibilité de retour au Divin, au Principe.

Donc le serpent est l'impulsion qui va faire démarrer le mouvement d'involution-évolution. Il est donc nécessaire... pour que s'accomplisse ce qui doit être accompli.

Il en est de même pour l'enfant qui vient au monde et qui va devoir apprendre à vivre dans le monde matériel avant d'évoluer.

Et il en est de même également pour l'humanité tout entière. On pourrait dire que les peuples très retirés du monde *dit civilisé* sont en harmonie avec la nature, très proches des plans divins et qu'ils sont heureux...

Mais on pourrait dire aussi, qu'ils n'en ont pas conscience et qu'en cela, ils vivent très proches de leur système instinctuel et animal.

Alors que l'homme *dit civilisé,* plus éloigné de l'harmonie de la nature, plus éloigné et plus indifférent aux plans supérieurs, piégé dans les vicissitudes de la matière, cet homme est peut-être plus proche des prises de conscience qui vont lui indiquer le chemin du retour.

Évolution

Conscience
Plans divins
Nombre « **0** »
Absolu

Principe
Nombre « **1** »
Origine

Révélation
Nombre « **3** »
Retour au principe

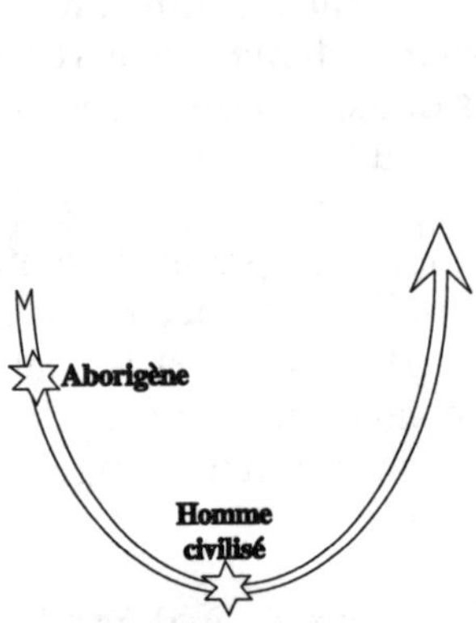

⇩ *Involution*

Évolution ⇧

Manifestation
Nombre « **2** »
Matière

D'ailleurs dans les contes, il faut toujours un être apparemment malfaisant : un ogre, une sorcière, une mauvaise fée, de méchants parents... pour faire démarrer l'aventure.

Ces récits qui nous viennent de très loin et de toutes les cultures nous mettent en phase avec la tradition universelle, authentique, originelle et primordiale.

Il apparaît évident que ces contes, ces mythes, ces légendes n'ont pas été écrits pour les enfants mais bien pour les adultes afin de transmettre la tradition.

D'où, sans le serpent pas d'humanité
sans méchants parents, pas de Petit Poucet
sans sorcière, pas de Belle au Bois Dormant
sans Égypte et esclavage, pas de Terre Promise
sans Judas, pas de Christ

Tout ce qui est négatif dans notre vie est nécessaire à l'évolution de notre conscience.

Ces conflits sont donc nécessaires à la mise en mouvement de la quête permettant le retour au Principe..

La souffrance pousse souvent l'Être à l'éveil de sa conscience, mais certains n'ont pas besoin de passer par ce chemin.

Soyez béni mon Dieu, qui donnez de la souffrance comme un divin remède à nos impuretés[1].

Si nos aïeux nous ont transmis du négatif, que ce négatif soit conscient ou inconscient, il est nécessaire à la compréhension de notre Être profond en voie d'évolution.

D'ailleurs des proverbes du langage populaire expriment cela :
À quelque chose, malheur est bon
Il n'est point de nuage noir qui ne soit bordé d'argent
Après la pluie, le beau temps
S'il n'y avait pas de montagnes, on ne verrait pas les plaines
Sans nuage ni orage, on ne verrait pas d'arc-en-ciel, etc.

---

1. Baudelaire, *Bénédiction* in *Les Fleurs du Mal*, Éditions La Table ronde, 1997.

Transmission de l'amour

Tout va commencer très tôt dans la transmission de cet amour ; on peut même dire que tout commence dès la fécondation d'un ovule par un spermatozoïde, dès la conception.

Est-ce que papa aime maman, est-ce que maman aime papa ?

Est-ce que papa désire vraiment un enfant ?

Est-ce que maman désire vraiment un enfant ?

Puis pendant tout le temps intra-utérin, tout va compter.

Quel est l'état d'esprit de papa, de maman, sont-ils heureux ? Ont-ils des soucis, des peurs, des angoisses, des problèmes, des stress, des contrariétés ?

Qu'on le veuille ou non, à tout ce groupe de questions, on pourrait répondre qu'il y a toujours plus ou moins de problèmes.

Tous les problèmes de papa, de maman, dans leur contexte affectif et social, l'enfant en devenir dans le ventre de maman, les ressent lui aussi comme « du négatif » (souffrance, peur, colère, angoisse, contrariété...) et les traduit dans son inconscient : papa ne m'aime pas et/ou maman ne m'aime pas.

C'est pour cette raison que dire : « Je n'ai aucun problème avec papa et maman » est *sûrement une erreur* et ce négatif conscient ou inconscient quasiment obligatoire est nécessaire à notre évolution vers la connaissance de nous-mêmes.

Après la naissance, tout est plus conscient. Des enfants sont mal aimés, voire battus, maltraités. À un degré moindre, des parents ne manifestent pas leur affection, des enfants n'ont jamais été pris sur les genoux de leur parents, ni même embrassés.

Mais il existe des relations parents-enfants plus subtiles.

Les papas poules, mamans poules aussi sympathiques qu'ils puissent être, sont souvent des Êtres qui ont ressenti un important manque d'amour dans leur enfance et qui ont ce manque bien caché au fond d'eux-mêmes. Ils couvent leurs enfants, les surprotègent.

Qui trop embrasse mal étreint.

Ils risquent de s'épanouir au travers de leurs enfants. Mon fils, ma fille, c'est tout pour moi...Ils vont adorer leurs petits, mais on n'adore que ce que l'on possède.

Ils risquent d'être attachés à leurs enfants, mais on attache seulement ce que l'on veut garder près de soi, car on a peur de le perdre.

Ils vont tellement aimer leur enfant, tellement l'adorer, tellement être attachés à..., qu'ils peuvent l'étouffer, le déposséder de sa substance, de son Être, l'empêcher de s'épanouir. Mais rappelons-nous, ceci est nécessaire... Ne culpabilisons pas, car nous avons presque tous agi ainsi...

Il y a encore tout le chantage affectif, car papa et maman sont très gentils avec leur petit mais surtout et encore plus si l'enfant est gratifiant pour eux.

Ils se prennent pour des dieux et veulent faire leur enfant à leur image.

Ils sont très contents lorsqu'il est très gentil, très sage, lorsqu'il ramène de bonnes notes de l'école, lorsqu'il fait un beau dessin, lorsqu'il est un petit Mozart au piano, un petit Platini au football, etc. dans un monde de compétition où il est bien d'être le meilleur, le plus fort, le premier...

- Si tu es sage cela fera plaisir à maman, à papa, aux grands-parents.
- Si tu travailles bien à l'école, tu auras un cadeau.
- Si tu as de mauvaises notes aujourd'hui, maman ne t'aimera plus.
- Si tu ne marques pas un but, papa ne t'aimera pas.
- Si tu n'es pas le meilleur, papa et maman seront tristes.

Ces petites phrases et bien d'autres que nous connaissons tous pour les avoir entendues ou les avoir dites, ou les dire encore... n'ont pas d'importance au premier abord, mais répétées des dizaines, des centaines, des milliers de fois, elles vont marquer l'inconscient au fer rouge. Un message subliminal négatif se mémorise dans le cerveau. Ce laminage intempestif va conduire l'enfant à s'écarter de lui-même, l'enfant ne va plus raisonner par lui-même, mais en fonction de papa et maman.

Ainsi notre cerveau a été programmé tout d'abord par nos parents puis par la société : éducation, religion, télévision...

Une disquette informatique est à l'intérieur de notre ordinateur central et ce n'est pas notre disquette, ni notre programme.

Il nous faudra une chance extraordinaire pour nous déprogrammer, nous libérer de tous ces automatismes entrés à notre insu dans notre cerveau ; puis nous reprogrammer par nous-même avec notre disquette pour enfin aspirer à Être.

Aimer un enfant : Que c'est difficile !

Il ne s'agit pas de le dresser mais de l'Élever.

L'enfant est comme un récepteur branché sur les fréquences papa-maman. Maman apporte dans un premier temps la référence Amour, papa apporte dans un deuxième temps la référence Loi-Ordre-Rigueur-Règle. Ces 2 références peuvent être apportées par le père ou la mère s'ils sont seuls à élever leur enfant.

Grandie entre l'autorité verbale du savoir de mon père, artiste-peintre et philosophe, celle parfois radicalement plus concrète de ma mère, j'ai oscillé entre rébellion, soumission, silence [...] *L'adolescence, affirmation de soi, de ses désirs fut bien difficile. Il y avait pourtant place à la parole, au dialogue, mais toujours dans le cadre du savoir écrasant de l'adulte. Alors j'ai trouvé ma solution : ne rien dire, n'exprimer aucun sentiment* [...] *Pourtant je ne garde pas le sentiment d'avoir été opprimée par cette autorité, car elle était doublée d'une grande liberté* [...] *Et puis à mon tour, la vie m'a mise en situation d'autorité parentale et j'ai reproduit le seul modèle que j'avais, en y ajoutant plus d'écoute* [...] *L'autorité est un outil difficile à manier. En effet, on ne sait pas l'utiliser pour soi-même* [...] *Alors évidemment il est plus facile d'avoir auto-*

rité sur l'autre, c'est rassurant [...] *En thérapie, il est surprenant de découvrir les « mal-aises » qui découlent d'une autorité mal-vécue : honte, culpabilité, agressivité contre soi et les autres, peur du rejet (Si je n'obéis pas, il me rejettera, et ne m'aimera plus)* [...] *J'ai 56 ans, petit à petit, après un long cheminement, je commence à reprendre autorité sur ma vie, avec amour, en prenant soin de l'enfant qui est en moi*[1].

Aimer un enfant, c'est l'Élever. Mais comment aimer un enfant si on ne s'aime pas soi-même, comment l'éduquer[2] si on ne s'éduque pas soi-même ? Là est le secret.

Éduquer, élever un enfant, c'est être le vecteur de son devenir, en utilisant beaucoup d'amour pour mettre le cadre et les règles qui vont lui permettre d'avancer dans la vie avec les autres, tous les autres, à égalité de religion, de couleur, de sexe.

Alors, il pourra s'épanouir pour lui-même et par lui-même, il pourra être responsable, conscient et capable d'aimer.

1. M. L. S., *Échanges maristes* n° 378.
2. Éduquer vient du latin *Ex ducere* qui signifie *Conduire hors.*

Cycle de l'Ego

Tous nos problèmes débutent avec ce manque conscient ou inconscient d'amour, en nous rappelant que ce manque n'est qu'apparent car *les dieux* ont profondément enfoui cet amour dans nos cœurs.

À partir de cette souffrance par manque d'amour, l'Être humain dans un premier temps va réagir *bêtement* avec son instinct pulsionnel le plus ancien.

Lorsque deux animaux se rencontrent, que l'un n'aime pas l'autre, ou que les deux ne s'aiment pas, ils se battent.

Donc l'Être humain va déclencher en lui des sentiments de haine, d'agressivité, de méchanceté, de colère contre celui, celle ou ceux qui l'ont agressé, en l'occurrence papa et maman. Je le rappelle encore une fois, tout ceci peut demeurer inconscient et de toute façon cela est nécessaire à notre évolution.

Mais l'Être humain doué d'intellect va raisonner : « Ai-je de la haine envers mes parents ? oui ; cela n'est pas normal, pas possible, ils m'ont donné la vie, je suis vraiment nul, je suis au-dessous de tout, je suis coupable, je me culpabilise pour avoir en moi ces pulsions de haine et d'agression. Je me culpabilise, je me sens tellement coupable de cette infamie, de cette traîtrise que cela déclenche en moi de la peur et de l'anxiété. Je suis coupable, j'ai honte de moi et je crains le châtiment. J'ai tellement peur de ce châtiment, je me sens tellement angoissé, je me sens tellement coupable d'une telle méchanceté en moi que finalement je préfère m'auto-agresser, m'auto-punir, m'auto-détruire et je vais souffrir davantage. »

Vous ressentez sûrement ce cycle, ce cercle vicieux, cette roue de l'infortune que le Docteur Roger Fix a si bien décrite dans son livre, *L'Amour, clé du bien-« être »*.

Ce cercle vicieux peut rester complètement blotti dans notre inconscient ou bien il peut être terriblement conscient.

Des gens ont une haine consciente envers leurs parents, d'autres ont des angoisses tellement profondes qu'on peut lire la détresse dans leurs yeux, certains courbent la tête, d'autres n'ont que l'envie de *mourir,* de se *suicider,* mais le suicide coupe l'Être de ses possibilités d'évolution.

Comment cette auto-agression se cristallise-t-elle dans l'Être humain ?

Tout simplement par tous les événements qui dans nos vies nous perturbent, que ce soit dans le domaine de la santé (maladies, handicaps, accidents..), de la famille (parents, enfants, couple), des amis, du travail, etc.

Il existe une relation entre le fait d'avoir reçu une éducation comportant de fréquentes punitions corporelles et la propension à avoir des accidents. [...] *Tous les sujets qui n'ont reçu que rarement des coups se trouvent en dessous de la moyenne générale d'accident, alors que toutes les victimes de coups fréquents se situent au dessus. Avec pour toile de fond la transmission intergénérationnelle des coups* [...] *Il est remarquable de voir comment les couples de parents dont chacun a été élevé « gentiment » ne donne aucun coup fort, aucun coup fréquent, aucun coup au-delà de 17 ans, et comment leurs enfants ont les moyennes d'accidents les plus basses qui soient*[1].

Nous sommes ici dans une quête spirituelle et sur ce chemin tout est renversé et tout ce qui nous arrive comme épreuves, comme événements difficiles à vivre, comme drames, est là pour nous faire prendre conscience de *quelque chose* afin de mettre en nous les moyens de nous libérer de nos peurs, de nos angoisses, de notre haine, de notre culpabilité, voire de nous libérer de notre manque apparent d'amour primordial pour que notre lampe merveilleuse éclaire le génie qui parle en nous et que les cristaux scintillent.

1. Docteur J. Cornet, Enquête épidémiologique, in *Le quotidien du médecin* n°6072, 26 mai 1997.

Mais diable que c'est difficile ! car la haine, l'agressivité, la culpabilité, la peur, l'angoisse, l'auto-punition alimentent ce qu'on appelle notre ego, notre petit moi matériel.

Tous ces poisons n'ont d'existence que parce qu'on leur donne de l'importance. Dans l'absolu, ils ne sont qu'illusion.

Notre *ego,* c'est cette tunique, cette carapace qu'on s'est forgée au fil du temps, ce déguisement que l'on prend pour nous-même ; ce déguisement du paraître et de l'orgueil derrière lequel on cache tous nos maux car nous avons tous en nous beaucoup d'orgueil et de paraître et, de surcroît, nous n'en sommes pas toujours conscients.

Vous connaissez sûrement l'histoire du psychiatre qui reçoit un patient atteint de désespoir. Le psychiatre n'avait encore jamais vu de personnage aussi triste, aussi proche de l'abîme. Aucun médicament n'aurait pu lui donner les béquilles suffisantes pour continuer d'avancer. Quand tout à coup, une idée géniale lui parcourut l'esprit : « Je sais ce qu'il vous faut, je viens d'aller au cirque avec mes enfants. Allez-y, il y a un clown à mourir de rire, il fait rire tout le monde, les grands et les petits, allez-y, c'est magique : vous allez guérir. »

Le patient regarde alors le psychiatre droit dans les yeux, des larmes s'échappent des siens et laconiquement, il dit : « Le clown, c'est moi !! »

Tous ces poisons tournent à l'intérieur de nous, comme une girouette au gré du vent de nos états d'âme.

Nous vivons par rapport à tous ces poisons, nous croyons que ces poisons font partie de nous-même, nous croyons que notre ego, notre petit moi est nous-même.

C'est donc notre *petit moi matériel,* notre *ego* alimenté par tous les poisons de notre Être bien caché derrière la carapace d'orgueil et de paraître (la disquette informatique qui s'est mise à notre insu dans notre cerveau) qui nous empêche d'Être.

Car l'Être n'aspire qu'à une seule chose : sortir du non-Être et Être.

Qui dit « je » par ta bouche ?
Toi ?

Non, un vague personnage, un passant éphémère qui veut à toute force être reconnaissable, avoir droit de cité, jouer un rôle dans le monde.

Et pourquoi ce fantasme s'acharne-t-il ainsi à se montrer, dis-moi ?

Parce qu'il ne puise d'existence que dans le regard des autres.

Il n'est pas doué de vie véritable[1].

Mais, et je le répète encore : c'est grâce à notre ego, notre petit moi si dérangeant, au début de la quête, lorsqu'on l'a débusqué, que va s'initier en nous le long chemin qui mène au grand Moi. Puis, peut-être, par la suite, au Soi intemporel omniscient, omnipotent, omniprésent.

Le cycle de l'Ego

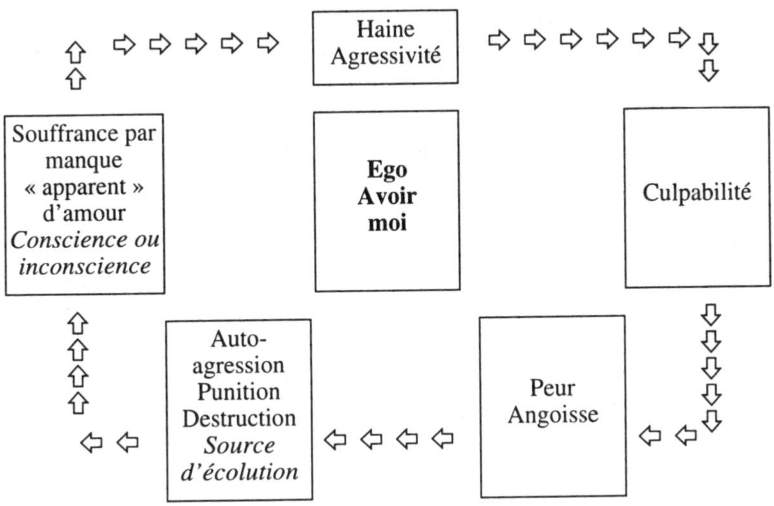

HAINE, CULPABILITÉ, PEUR,
CACHÉES DERRIÈRE L'ORGUEIL ET LE PARAÎTRE
=
POISONS QUI EMPÊCHENT D'ÊTRE = NON-ÊTRE

1. Henri Gougaud, *Les sept plumes de l'aigle*, Seuil, 1995.

Échapper au cycle de l'ego

Comment se sortir de ce cycle infernal de l'ego ?

Comment se servir de la présence de cette Roue de l'Infortune ?

Comment déprogrammer et reprogrammer notre disquette ?

Comment transformer ces automatismes négatifs en positifs ?

Comment réduire cette auto agression qui perturbe nos vies ?

Comment faire le lien entre corps et esprit (avoir et Être) ?

Comment nous libérer de notre passé ?

Comment changer et positiver notre futur ?

Comment transformer la fatalité afin de laisser agir notre libre-arbitre ?

Le hasard existe-t-il ?

Sommes-nous prédéterminés ?

Nous n'aurions peut-être en nous qu'un prédéterminisme avec plusieurs futurs possibles. Grâce à notre libre-arbitre, il nous est possible d'accéder au meilleur des futurs.

Comment avoir accès au meilleur des futurs possibles ?

Le meilleur avenir possible est sans doute celui qui nous attend... pour l'atteindre, il est nécessaire de lâcher prise avec la négativité du passé en positivant sa teneur émotionnelle, donc en changeant notre rapport au passé.

Si l'on raisonne simplement et logiquement, il suffit en reprenant le schéma précédent de remonter à la première pensée négative, au premier ressenti négatif qui se manifeste en nous :

la haine, dont tout découle. Nous sommes face à notre haine, à nos démons, à notre diable[1], nous sommes dans la division.

Un coup de baguette magique changeant notre haine en amour suffirait à faire disparaître tout notre ego comme par enchantement.

Échapper au cycle de l'Ego

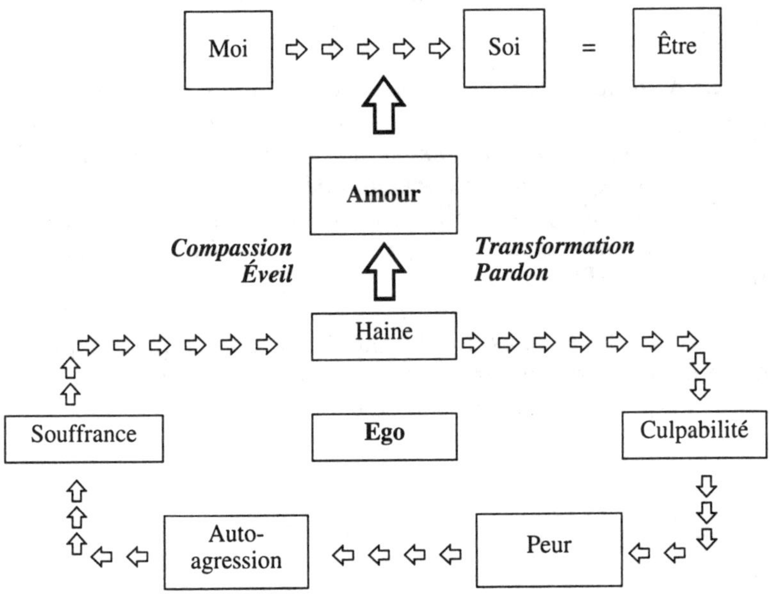

Si on arrivait à transformer notre haine en amour, nous aurions fait le cycle involution-évolution, nous serions accomplis, le cycle de l'ego n'existerait plus, l'ego non plus, plus de haine, plus de culpabilité, plus de peur, plus d'autodestruction.

Ce cycle évanoui comme neige au soleil laisserait place à l'Être dans toute sa plénitude.

On ne serait que positif, on s'aimerait complètement, on aimerait au centuple.

Grâce au pardon et à la compassion, nous pouvons accéder à cette altitude de l'Être où ne règne que l'amour.

On pourrait siéger au conseil des dieux, et être éternels. Mais ceci est une autre histoire...

1. Dans le sens de diviser (grec : *diabolein*).

L'intérêt est à la fois individuel et collectif.

Individuel : l'évolution de ma conscience va me permettre d'accéder à mon meilleur futur possible et à ma nature profonde.

Collectif : plus ma conscience évolue, plus la conscience de l'humanité évolue, plus l'avenir de l'humanité s'éclaircit.

Bien sûr, il s'agit du travail de toute une vie ou de plusieurs vies, si l'on en croit le Goéland Instructeur de Jonathan Livingstone.

[...] *As-tu idée du nombre de vies qu'il nous aura fallu vivre avant que de soupçonner qu'il puisse y avoir mieux à faire dans l'existence que manger ou se battre ou bien conquérir le pouvoir au dépend de la communauté ?*

Mille vies, Jon, dix mille et cent autres vies ensuite, avant que nous commencions à comprendre qu'il existe une chose qui se nomme perfection[1].

Mais revenons dans le présent car il est temps d'explorer notre dessin et de savoir quelles sont les grandes lignes à améliorer au plus profond de nos cœurs.

---

1. Richard Bach, *Jonathan Livingstone le Goéland*, Flammarion, 1996.

Interprétation du dessin

Il existe de nombreuses techniques pour approcher notre inconscient ou plutôt notre Conscience encore inconsciente.

Le dessin réalisé en début de lecture en est une.

Même si certains connaissent le test de l'arbre en particulier ou vaguement le dessin en général, il y a toujours matière à réflexion.

Les éléments du dessin peuvent s'interpréter à différents niveaux : au niveau psychologique où le caractère est le reflet de l'ego instinctif, caché et pulsionnel et au niveau spirituel, laissant place à l'Être.

Dans notre interprétation, nous nous intéresserons surtout au niveau spirituel, mais vous aurez aussi les moyens d'aborder le niveau psychologique.

Ce test amusant de l'ordre du divertissement va nous mettre sur des pistes.

Il ne peut y avoir de dessin parfait car nous sommes tous en quête d'harmonie intérieure.

Il va nous permettre, parfois avec surprise, de découvrir les zones de faiblesse de notre Être. Il peut alors déclencher en nous la volonté de les transformer.

Ne croyez pas que ce dessin se fasse au hasard.

D'abord qu'est-ce que le hasard, et le hasard existe-t-il ?

Un grand homme avait dit un jour :

Le hasard est le déguisement que prend Dieu pour passer inaperçu.

Si on réfléchit, on se rend compte que chacun de ces cinq éléments contient une charge symbolique complète, que *tout est en tout,* il y a de l'avoir dans l'Être et de l'Être dans l'avoir.

L'arbre symbolise l'Être mais par ses racines, il contient l'avoir.

La maison symbolise l'avoir mais par la présence du foyer, elle contient l'Être.

Le serpent très lié à la terre, à l'horizontalité, contient en lui la possibilité de se verticaliser et de mener l'homme vers sa réalisation harmonieuse.

L'eau et le soleil, principes féminin et masculin, sont à l'image du Yin et du Yang de la philosophie chinoise exprimés dans le Tao. Il y a du Yin dans le Yang et du Yang dans le Yin.

Le symbole dès qu'on l'interprète perd de sa puissance car on s'éloigne de son essence fusionnelle.

Ce sont ces infinies possibilités d'interaction entre les symboles : les différents éléments, la globalité du dessin, l'emplacement, le volume, le liant, les couleurs, les traits, le graphisme, les oublis, les ajouts, etc. qui font la puissance révélatrice et l'intérêt de ce dessin.

Nous aurons besoin de nous laisser guider par notre imagination qui, avec un peu d'entraînement nous permettra de jongler avec tous ces symboles et de trouver de nombreuses possibilités d'interprétation.

1. Aspect global

Organisation du dessin

Dessins non organisés (exemples n° 1-2-6-7-11). Chaque élément est réalisé sans aucun lien avec les autres, l'ensemble ne compose pas un paysage.

Vous avez répondu à l'ordre donné au début du livre, comme petit enfant, vous avez peut-être suivi les ordres de papa, maman, puis de l'éducation et de la religion...

Le dessin signifie soit une autorité familiale importante, soit une grande souffrance apparente, consciente ou inconsciente, à la fois transmise par papa et maman (et leurs aïeux). Vous avez été « robotisé », « automatisé », il va falloir vous réorganiser, vous réharmoniser, vous réunifier, mettre le liant en vous et découvrir votre intériorité.

Dessins organisés (tous les autres). Naturellement on trouve plusieurs degrés dans ces dessins :

– Des dessins un peu plus organisés, mais figés, sans mouvement, où tout est à sa place mais sans liant entre les éléments. Ce sont les gentils petits garçons, les gentilles petites filles qui ont toujours bien obéi à papa et à maman, qui ont toujours voulu leur faire plaisir et qui ont fait un joli dessin (exemples n° 5-8-9-10-12-13-14-15-16, etc.).

Tout est là en potentialité mais vous aurez besoin de mettre du mouvement en vous, pour évoluer, vous éveiller, ouvrir le bouchon de la bouteille pour que le Génie en sorte.

– D'autres sont plus fouillés (exemples n° 55 à n° 67), vous avez ajouté des éléments, on ressent plus de mouvement, de dynamisme.

La conscience s'éveille.

Mais ne vous inquiétez surtout pas, il y a toujours des problèmes et tous les dessins sont bons.

Utilisation de l'espace et emplacements des éléments

Espace entièrement rempli (exemples n° 63-64)

L'espace est utilisé complètement : épanouissement en devenir, personne en voie d'évolution.

Espace non totalement rempli (exemples n° 1-2)

Les vides, les blancs expriment les manques. Ils seront analysés dans les six dimensions de l'Être.

– Le côté gauche de la feuille est en rapport avec le passé, avec une certaine passivité, une régression qui attire vers l'arrière, plus liée à la mère, au côté féminin.

– Le côté droit est en rapport avec le futur, l'avenir, l'action, la progression qui attire vers l'avant, l'élan vers l'autre, plus en rapport avec le père, avec le côté masculin.

– Le haut est en rapport avec le ciel, l'esprit, l'attirance spirituelle.

– Le bas est en rapport avec la terre, la matière, l'attirance instinctive et pulsionnelle.

– L'avant et l'arrière, dans le cas où le dessin exprime une perspective, sont témoins de l'importance accordée aux éléments qui s'y trouvent.

L'avant exprime ce qui est extériorisé, mis en avant et à l'inverse, l'arrière, ce qui est plus intériorisé et refoulé, mis en arrière.

Tous les éléments peuvent être d'un côté de la feuille et laisser des blancs, un ou plusieurs éléments pourront être séparés par un blanc.

En fonction de ces considérations, vous aurez donc à interpréter les éléments de votre dessin.

Autre emplacement

Dans le cas où vous auriez dessiné un ou deux ou plusieurs éléments au verso de la feuille, cela signifie que vous ne voulez pas voir en face certains aspects de vous-même. Exemple d'un dessin où au recto figure le soleil, la maison et l'arbre, et au verso, un étang contenant un serpent agressif et imposant. Dans ce cas, la personne ne veut pas voir en face la haine consciente qu'elle dirige contre maman. Elle préfère l'oublier. Mais le travail reste à faire.

Couleurs

Peu ou pas de couleur : synonyme de tristesse, de manque de gaieté, de peu d'enthousiasme.

Beaucoup de couleurs : les couleurs montrent l'importance que vous accordez à l'harmonie. De la joie de vivre, du bonheur, de la beauté sont en vous, beauté à ne pas confondre avec l'esthétisme pouvant caractériser une certaine sensiblerie un peu fleur bleue et romantique ou une attirance pour le paraître flattant l'ego.

Utilisation de couleurs très vives ou trop de couleurs : montre un besoin d'exister, de paraître, de se montrer à tout prix, pouvant masquer les souffrances profondes de l'Être.

Utilisation de couleurs plus pastel avec des traits moins nets donnant un dessin plus flou : peut indiquer un manque de confiance en soi, un besoin de s'affirmer, de s'exprimer.

De nombreux ouvrages ont été écrits sur ce sujet. Chaque couleur contient en elle des énergies négatives, positives, psychiques et spirituelles. Un survol rapide de leur potentialité vous est proposé dans ce qui suit :

Jaune : lié à la lumière, la joie, le bonheur, l'enthousiasme, l'optimisme, le rayonnement dans la vie matérielle, lié au père. Bien utilisé le jaune représente l'action juste qui peut mener à la sagesse.

Bleu : la douceur, le calme, la sécurité, l'eau, lié à la mère, la sensibilité, la réceptivité, l'émotion, la tendresse, la compassion. Bien utilisé, le bleu signifie la volonté d'emprunter le chemin de la quête.

Rouge : en rapport avec le feu, le côté agressif, le côté impulsif, autoritaire, pulsionnel, passionnel, coléreux, haineux mais il contient en lui la force du cœur et la possibilité d'unification par la fusion dans l'Amour.

Orange : il peut exprimer l'extraversion, le désir de luxe et de plaisir mais surtout il est symbole de gaieté, vitalité, curiosité, dynamisme.

Rose : stabilité, paix, équilibre, harmonie.

Violet : aspiration spirituelle, mysticisme, autre vision de la réalité matérielle.

Marron : il exprime l'ennui, la passivité, la morosité, il est lié à la matérialité, la sécurité, la famille.

Vert : il peut correspondre au besoin de reconnaissance, d'estime de soi, de jouissance matérielle, de sensations ; le vert est lié à la nature, symbole d'harmonie entre ses différents constituants ; il est en phase avec la communication juste, l'équilibre, l'espérance, la recherche de la tranquillité.

Turquoise : le raffinement, le calme, l'exigence, la persévérance, le charme, parfois la froideur et l'intellectualisme, mais aussi le détachement, le don.

Noir : énergie dans laquelle toutes les couleurs ont été absorbées, le besoin avide des autres, la tristesse, l'angoisse, la perte d'espoir, le manque d'enthousiasme, les peurs et notamment celle de la mort, le repli sur soi-même... l'introspection... Mais c'est souvent au plus profond des ténèbres que l'on découvre la lumière.

Blanc : énergie qui contient toutes les couleurs, toutes les potentialités ; il restitue tout ; il symbolise le don, le sacrifice, la pureté, la quête de la lumière, l'innocence mais aussi la naïveté.

Gris : prudence, renonciation.

Trait-graphisme

De même que la couleur, le trait et le graphisme ont leur importance, mais ils peuvent dépendre des crayons utilisés, il est donc important d'avoir toutes sortes de crayons, de feutres, de stylos à disposition pour que notre inconscient puisse faire le choix.

Le graphisme peut être : épais, fort, faible, agressif, flou, torturé, vigoureux, ferme, hésitant, retouché, rectifié, ondulé, fin, souple, rigide, homogène, raturé, barré, gommé, pointillé, méticuleux, précis...

Autant de traits différents, autant de graphismes différents, autant de caractères différents. Ils correspondent surtout à l'état psychologique de l'individu.

Volume des éléments

Il faudra apprécier les éléments dans la globalité, s'ils sont tous petits ou gros ou si un ou plusieurs d'entre eux sont plus petits ou plus gros.

Si tous les éléments sont réalisés en grande dimension, ils peuvent exprimer le besoin d'exister dans le monde matériel.

Tous les éléments en petite dimension, à la même échelle, laissant des blancs qui seront à interpréter en fonction de leur emplacement, expriment le besoin de remplir son Être.

L'élément plus grand ou plus gros sera analysé comme une facette de notre Être très importante, voire trop importante, écrasante, étouffante, ou bien manquante, sublimée et idéalisée. Souvent ces éléments ne tiennent pas sur la feuille, il est nécessaire à l'auteur de n'en dessiner qu'une partie. La partie manquante exprime le manque.

L'élément plus petit signifiera une étroitesse, une petitesse, un manque en rapport avec la symbolique de l'élément.

Absence d'un ou plusieurs éléments

L'oubli d'un élément, et ceci est fréquent, nous met simplement sur une piste importante car cet élément va manquer, la valeur symbolique de ce qu'il représente sera absente. Par exemple, l'oubli du soleil exprimera le manque de l'image masculine à l'intérieur de l'Être.

Feuille verticale

Certaines personnes malgré l'ordre donné prennent la feuille verticalement pour faire leur dessin. Pour la facilité de l'édition, les dessins interprétés ne sont qu'horizontaux (sauf le n° 65).

Prendre la feuille verticalement, exprime le besoin de se verticaliser et de transgresser un ordre, ceci est souvent nécessaire à l'évolution de l'Être, pour nous libérer de nos automatismes, dans certaines limites bien sûr.

Ajout d'un ou de plusieurs éléments, une ou plusieurs fois

Certains éléments du dessin sont réalisés en double en triple exemplaires ou plus, ils expriment à l'intérieur de l'Être plusieurs fois la même symbolique, une division, une dispersion. Par exemple, deux soleils expriment deux images paternelles, deux images masculines ; deux maisons manifestent souvent des foyers successifs suite à une séparation, un divorce, ou bien des possibilités de communications différentes en fonction des gens côtoyés comme un artiste qui est capable d'interpréter des rôles complètement différents ; plusieurs arbres, un besoin d'identité, d'unification de l'Être ; plusieurs qualités d'eau (ruisseau + lac) la possibilité d'avoir été élevé par plusieurs femmes (grand-mère, tante, nourrice) ; plusieurs serpents symbolisent de nombreuses pulsions agressives, cachées ou extériorisées.

Ajout d'un ou de plusieurs autres éléments

Nous devrons essayer d'interpréter ces éléments symboliquement. Les éléments ajoutés sont souvent des animaux (poisson, canard, chouette, oiseau...), le ciel, des nuages, des montagnes, des fleurs, des ombres, des ponts, des bateaux, etc.

Les animaux expriment l'instinct animal, le côté pulsionnel souvent caché.

Les montagnes en pics expriment des difficultés ; les collines vallonnées montrent le désir de tendresse maternelle.

Le ciel, voûte céleste, traduit un besoin de protection, de se sentir entouré.

Les bateaux, comme le pont, expriment le besoin de se déplacer sur l'eau ou par dessus l'eau et renvoient à l'image féminine.

Les ombres indiquent des facettes de notre personnalité que l'on ne veut pas montrer, que l'on ne veut pas voir ou que l'on ne voit pas.

Les fleurs signalent le côté romantique, le besoin d'harmonie, la recherche du bonheur.

2. Aspects particuliers

Chaque élément devra donc être analysé en fonction de l'ensemble, en fonction de ses vides et de ses pleins. Les vides, tout ce qui sera absent, trop petit ou trop loin, sera un manque ou une facette de nous-même que l'on occulte. Les pleins, tout ce qui sera trop grand, trop gros, en trop grande quantité, trop présent, trop fort ou trop près, exprimera le besoin avide de l'élément par manque ou par idéalisation.

Le dessin idéal serait un dessin harmonieux, coloré dans sa totalité exprimant le mouvement dans les six dimensions de l'Être se manifestant sur la feuille par la droite et la gauche, l'avant et l'arrière, le haut et le bas : « un Paradis Terrestre ».

L'Arbre

C'est l'un des symboles le plus représenté et le plus utilisé dans toutes les civilisations.

Il est le lien entre le Ciel et la Terre, il représente peut-être tout notre plan de réalisation, entre nos ténèbres souterraines et notre lumière céleste, entre notre instinct animal et notre nature humaine. Il serait alors le reflet de notre âme en voie d'harmonisation.

Plutôt de forme arrondie par sa couronne, il symbolise l'Être lui-même, le savoir-Être, le Soi, la fonction, qui trouvera son complémentaire dans le symbolisme de la maison, plutôt de forme carrée par ses fondations, représentant l'avoir, la création, la matière, le savoir-faire, la structure, la famille, les possibilités de communication.

L'arbre que vous avez dessiné, c'est vous-même, en tant qu'Être.

Un arbre doit avoir des racines, un tronc, des branches, des feuilles, des fleurs, des fruits, une couronne et un volume harmonieux.

On retrouve nos quatre niveaux de compréhension de l'Être humain, le niveau physique avec les racines, le niveau énergétique avec le tronc, le niveau psychique avec les branches et le feuillage et le niveau de l'esprit avec les fleurs et les fruits.

Les racines

– Les racines en pleine terre : l'ancrage, la stabilité, le besoin de trouver ses propres racines, en lâchant prise avec le négatif du passé. Le côté instinct de l'Être, la curiosité, les pulsions cachées.

– La ligne de sol peut aussi avoir une importance si elle existe. Elle s'interprète en fonction de son trait, de sa direction (un peu comme le chemin de la maison). Une ligne qui monte vers la droite est plus positive qu'une ligne qui descend.

Le tronc

L'axe de l'Être, la colonne vertébrale de l'arbre, là où monte la sève qui se fraye un passage vers le ciel, la force, la volonté, la confiance, l'énergie, l'assurance, l'action, la vitalité.

Feuillage, branchage, et couronne

Pensée, Imagination, Épanouissement de l'Être.

Fleurs et fruits

La beauté, la charité, le don, la recherche de l'idéal. L'arbre donne ses fruits sans attente de quoi que ce soit en retour.

Oublier l'arbre (exemple n° 53 où il est remplacé par une branche) : c'est assez rare, c'est s'oublier soi-même, ne pas Être, Être dans le non-Être, ce qui pousse l'individu à vouloir exister[1] à tout prix.

Exister, c'est Être à l'extérieur. Nous devons essayer d'exister mais surtout d'Être à l'intérieur.

L'arbre peut être sans racine, sans fruit, sans branchage, sans couleur, sans feuillage, sans couronne. Il peut être un sapin, un palmier, une branche, etc.

Sapin (exemples n° 1-50) : évoque la montagne. Besoin de s'élever.

Palmier : le désert, désir de solitude, loin des vicissitudes de la vie grouillante et superficielle de tous les jours (dans les villes).

Saule pleureur (exemples n° 24-43) : tristesse, besoin d'eau (maman).

Buisson : recherche d'identité, de valorisation et d'estime de soi.

Branche (exemple n° 53) : besoin d'Être, besoin des forces nourricières du ciel et de la terre (papa et maman).

Arbre petit (exemples n° 20-41) : cherche à trouver sa dimension intérieure et extérieure, la confiance en soi.

Arbre grand (exemples n° 46-14) : attention à l'extraversion, à l'égocentrisme.

Arbre flou (exemples n° 39-40) : besoin de vitalité, de confiance, de force pour pouvoir échanger avec les autres sans timidité.

Sans racine (exemples n° 18-19...) : envie de retrouver ses racines, besoin de stabilité, de découvrir ses pulsions secrètes et de les transformer, sans les introvertir.

Sans branchage, sans feuillage (exemples n° 2-3-15...) : nécessité de s'épanouir, de découvrir son intériorité, de trouver l'Amour au fond de son cœur.

Sans couleur (exemples n° 1-2...) : tristesse.

Trop de racines (exemples n° 50-52-55...) : des pulsions qui s'extériorisent.

---

1. Exister vient du latin *ex essere* : être hors de.

Arbre sans couronne (exemple n° 54) : besoin de trouver son Être profond, besoin de l'essentiel, besoin de spiritualité, besoin d'exister.

Couronne trop grande (exemples n° 33-44) : ne tenant pas sur la feuille : exprime des problèmes existentiels, un imaginaire important, un monde intérieur en ébullition pouvant évoluer vers l'affabulation et la mythomanie.

La couronne peut être agressive, homogène, embrouillée, en lasso, fermée, rigide ou souple, ouverte vers le haut, pointue ou arrondie ; autant de caractéristiques à analyser sur le plan psychologique.

Couronne à festons (exemple n° 42) : besoin de sécurité, de tendresse.

Tronc fragile (exemples n° 13-26-37) : manque de confiance.

Tronc fort (exemples n° 14-44-46) : ne pas s'extérioriser dans une vitalité à outrance qui privilégie le savoir-faire.

Tronc avec blessures, nœuds, branches coupées (exemples n° 4-13-17-26) : exprime des blessures de l'âme, des traumatismes anciens, des cicatrices morales, des échecs.

Branches partant à gauche (exemple n° 55) : veut s'identifier à maman.

Branches partant à droite (exemple n° 55) : veut s'identifier à papa.

Il peut y avoir aussi ***plusieurs arbres*** (exemples n° 21-34-45-50....) : recherche de son identité, qui suis-je vraiment ? Il y a plusieurs facettes en moi.

La Maison

Elle symbolise les structures de l'Être, le moi, l'avoir, le savoir-faire.

Mais aussi, la famille, la communication avec les autres et avec soi-même, le lieu où vivent parents et enfants : le foyer où règnent le couple et l'Amour et où se ressent la présence qui rassure et réchauffe.

On retrouve aussi dans la maison, les quatre niveaux de l'Être : le niveau matériel avec la cave et les fondations, le niveau énergétique avec les murs et les pièces, le niveau psychique avec le toit, le niveau de l'esprit avec la cheminée et la fumée.

Un chemin pour l'accès : le chemin de vie pour accéder à son moi. Il peut être facile ou difficile, heurté ou chaotique, montant ou descendant. Les aspects positifs du chemin de vie sont naturellement faciles, bien tracés et montant vers la spiritualité, à l'image de la quête entreprise par l'individu.

La cave : très rarement dessinée, elle exprime tout le côté caché, souterrain, instinctif de l'individu, là où vont reposer les structures supérieures qui vont compléter son Être.

Les fondations : les bases nécessaires à la construction intérieures, le fondement de la communication.

Une porte d'entrée avec sa poignée : l'ouverture aux autres.

Les murs, les pièces et les étages : là où vit la famille, l'âme de la maison où l'on échange avec les autres dans un cocon protecteur.

Des ouvertures, des fenêtres avec rideaux et volets pour laisser pénétrer la lumière à volonté : ouverture psychologique ou spirituelle, communication avec les autres et avec soi-même à l'image de ce que l'on a reçu, enfant, dans sa famille.

Le toit : lié au psychisme, à l'intellect, à la pensée, ils permettent une fois dépassés, de transformer le savoir en sagesse.

Une cheminée qui fume : exprime la chaleur du foyer, la présence de la vie. Elle est le lien avec le ciel et mène à la connaissance.

La fumée à droite attire l'Être vers l'avenir, à gauche, elle le retient vers le passé.

Profitons de ce sujet pour ne pas oublier que tout doit être interprété dans la globalité. Dans cet exemple, la *fumée* est un *tout petit plus* pour le message global du dessin.

Oublier la maison (assez rare) : met sur la piste d'une structure de l'Être défaillante, d'un avoir défaillant, de bases familiales instables, ou ressenties comme telles dans l'enfance, des difficultés de communication que l'on peut masquer à l'inverse par une communication à l'extrême. Ex : des gens qui n'arrêtent pas de parler, qui parlent pour ne rien dire, des gens qui fabulent et qui se mentent à eux-mêmes, ou qui ont beaucoup d'amis.

Maison coupée (exemples n°48-58) : besoin de vie affective et de communication avec les autres, étroitesse d'expression.

Petite maison (exemples n°1-19-41-46) : difficulté de communication à l'image des difficultés de l'enfance.

41

42

43

44

45

46

47

48

49

50

51

52

53

54

55

56

57

58

59

60

61

62

63

64

65

66

67

Immense maison (exemples n° 15-16-30) : besoin énorme de communiquer, d'avoir toujours du monde autour de soi.

Peu ou pas de fenêtres (exemples n° 1-2-3-4-8-14-48) : introverti, renfermé, difficulté de communication avec l'autre ou avec soi-même ou les deux, souvent en rapport avec des difficultés identiques dans sa propre famille, avec ses parents.

Oublier les fenêtres du bas (exemples n° 8-12) : il faut monter l'escalier pour atteindre le haut et communiquer avec l'autre.

Donc avant d'ouvrir son cœur, il faut que l'autre montre *patte blanche* pour entrer. On ne communique pas n'importe comment et avec n'importe qui et on a de la difficulté à communiquer avec soi-même.

Beaucoup ou trop de fenêtres (exemples n° 15-16) : extraverti, égocentrisme, besoin de communiquer à outrance, avide de relationnel avec les autres. Besoin du groupe.

Plusieurs maisons (exemples n° 14-54) : peut signifier plusieurs foyers (suite à plusieurs divorces, par exemple), modes de communication différents suivant les interlocuteurs ou besoin de fabuler.

Maisons transformées :

– moulin (exemples n° 24-52) : exprime la dépendance à maman.

– château (exemple n° 54) : souvent fait en plusieurs parties, s'interprète comme plusieurs maisons.

– hutte (exemple n° 55) : structure le plus souvent ronde exprime le manque de solidité, de communication ressenties dans l'enfance par rapport aux structures familiales.

Le plus enrichissant pour l'Être est sans doute de venir dans une famille dont la conscience est éveillée, une famille où la filiation est à la fois spirituelle et physique.

Le Soleil

Le soleil symbolise l'archétype masculin, le côté actif et visible de l'Être, la qualité d'Amour transmise surtout par le père en fonction de ce qu'il a reçu de ses parents et la manière dont elle a été ressentie.

Oubli du soleil : manque important côté père (toujours apparent). Cette image masculine négative peut aussi avoir été transmise par les souffrances de papa ou de ses ascendants. Ce manque peut donc être totalement inconscient.

Soleil énorme (exemples n° 18-36) : idéalisation du père, de l'image de l'homme après manque d'amour, ou bien père très autoritaire, envahissant, soleil trop brûlant, voire écrasant.

Soleil amputé (exemples n° 14-23-58) : manque d'énergie et de chaleur pour alimenter l'arbre.

Soleil amputé mais énorme (exemples n° 35-42-46-50) : manque côté papa mais sublimation du père, idéalisation du père.

Soleil transformé en figure humaine (exemples n° 4-52-62) : image masculine un peu négative.

Soleil à gauche, en bas ou en arrière : il y a de l'énergie féminine dans l'image masculine.

Soleil à droite, en haut ou en avant : l'énergie masculine s'exprime pleinement si le soleil s'harmonise dans le paysage.

Soleil voilé derrière les nuages (exemples n° 3-44-53) : L'énergie masculine a eu du mal à filtrer au travers des nuages. Se voit très souvent chez les adultes qui n'ont pas connu leur père dans l'enfance. Les nuages appellent la pluie, le manque de luminosité, l'orage exprimant l'angoisse, le conflit intérieur caché, le manque d'amour transmis par papa.

L'Eau

L'eau symbolise l'archétype féminin, le ressenti, la réceptivité, le sentiment, l'émotion, le côté invisible et intuitif de l'Être, la qualité d'amour transmise surtout par la mère en fonction de ce qu'elle a reçu de ses parents et la manière dont elle a été ressentie.

Pas d'eau (exemple n° 14) ou ***eau en petite quantité*** (exemple n° 1) : manque d'amour important transmis du côté de maman (toujours apparent).

Rivière, ruisseau : expriment des qualités positives surtout si l'eau serpente harmonieusement dans le paysage pour alimenter l'arbre (exemple n° 66). Le sens, le tracé, le trait du trajet de l'eau devra être analysé si l'on veut éclairer le versant psychologique de l'Être.

Eau sans début ni fin (exemples n° 1-2) : exprime des manques.

Plusieurs eaux (exemple n° 45) : se trouvent souvent chez les gens ayant été élevés par plusieurs femmes (mère, nourrice, tantes, grand-mère...).

Pont sur l'eau (exemple n° 7) : besoin de passer sur l'eau, de quitter psychiquement maman.

Poissons dans l'eau (exemple n° 16) : expriment le côté pulsionnel, difficile à cerner de l'image féminine, mais aussi une eau vivante contenant du mouvement.

Eau non potable (exemples n° 30-53) : agressivité consciente ou inconsciente envers maman, ressentie comme non nutritive, toxique.

Qualité d'eau : piscine (exemple n° 13), robinet, pluie (exemples n° 15-56), fontaine (exemples n° 5-30-37), puits (exemple n° 3), verre d'eau, bouteille (exemple n° 53), flaque, mare, étang (exemples n° 14-17-21-26). Toutes ces qualités d'eau indiquent un manque du côté de maman, manque d'énergie nutritive pour alimenter les racines de l'Être.

Eau bouillonnante : torrent, cascade (exemple n° 12), vagues (exemple n° 35), expriment une relation conflictuelle à son image féminine transmise par maman.

Eau qui envahit tout, (la mer, la pluie, ou dessin construit sur l'eau) : maman envahissante, étouffante, possessive ou ressentie comme telle.

La mer (exemples n° 23-55) : eau salée, non nutritive pour les racines de l'arbre, envahissante, montre une transmission de l'amour ressentie en négatif.

Le serpent

Symbole très représenté dans la tradition, il est sûrement l'élément le plus difficile à interpréter.

Certains auteurs l'envisagent comme un symbole en rapport avec l'instinct et la sexualité, comme d'ailleurs tous les animaux ajoutés dans le paysage.

Il représente tout notre instinct animal et bestial, toute notre agressivité, notre haine consciente ou inconsciente *moteur de notre évolution.* Cette énergie est nécessaire. Sa transformation, sa sublimation élèvera notre âme en nous libérant progressivement de nos défauts et de notre ego, et à ce titre l'Être humain pourra passer d'un amour instinctif à un amour authentique (notion abordée ultérieurement dans le chapitre sur le couple).

Serpent absent signifie : se voiler la face, ne pas vouloir voir la haine en face, cela ne veut pas dire qu'elle n'existe pas, elle peut être refoulée.

Serpent dans l'eau ou ***lié à l'eau*** ou en ***direction de l'eau*** (exemples n° 4-21-43-53-54) : haine, agressivité contre la mère ou contre son image.

Serpent dans le soleil ou dirigé vers le soleil (exemples n° 12-18-19-23) : haine, agressivité contre le père.

Serpent autour de l'arbre ou dans l'arbre dans une dimension harmonieuse : cette position est sans doute normale (exemple n° 13). Cette agressivité contre soi-même est alors le moteur nécessaire de l'évolution. Par contre si le serpent est trop gros, voire trop agressif (exemple n° 54), il peut signifier pour l'individu, des possibilités d'auto-agression qu'il faudra transformer.

Serpent gentil, serpent petit (exemples n° 8-9-14-15-34-50) : peu d'agressivité extériorisée.

Grand, gros serpent (exemples n° 18-19-39-49) : beaucoup d'agressivité contenue, nécessaire à la quête.

Serpent méchant, prêt à piquer (exemples n° 12-16-27-47-52-53-54-56) : agressivité s'extériorisant.

Serpent lové, enroulé sur lui-même (exemples n° 1-5-62-63) : instinct bien dominé, endormi.

Serpent manquant (exemple n° 48) : agressivité refoulée, apparemment inexistante... *J'ai horreur des serpents, je ne le dessine pas.* Je ne veux pas voir mon agressivité en face.

Plusieurs serpents (exemple n° 54) : expriment un côté agressif, instinctif, pulsionnel exacerbé, mais toujours utile pour l'évolution.

Serpents transformés : ailés (exemple n° 55), arc-en-ciel (exemple n° 56), flèche (exemple n° 52), dragon (exemple n° 4), ils seront interprétés plus loin, dans le commentaire du dessin dans lequel ils se trouvent.

Interprétation des dessins

Il faut savoir qu'au fur et à mesure de l'analyse des dessins, je ne donnerai que les éléments essentiels caractérisant chaque dessin.

Je le répète, ce dessin doit nous mettre uniquement sur des pistes.

Vous avez dans ce qui précède la possibilité d'analyser finement chacun des éléments, mais il ne faut pas trop chercher dans les détails et s'y perdre. Seuls comptent pour notre interprétation au niveau de la conscience, la globalité du paysage intérieur et les aspects particuliers les plus importants.

Il ne s'agit pas de faire de la voyance sur le passé, ni de faire un pronostic sur le futur et encore moins sur la santé au sens premier du terme : on peut vivre jusqu'à 100 ans dans le non–Être.

Tout comme il y amour et Amour, il y a vivre et Vivre.

De toute façon tous les dessins sont bons, même si certains expriment beaucoup de vide apparent d'amour, de manque, de souffrance.

Plus le dessin montre de manque, plus il peut facilement se remplir.

Il faut passer par le désert et y séjourner pour y recevoir la grâce de Dieu. C'est là qu'on chasse de soi tout ce qui n'est pas Dieu[1].

N'oublions pas que l'Amour est totalement au fond de nos

1. Charles de Foucauld, *Lettres et carnets*, Seuil, 1995.

cœurs, tout près de nous, à portée de notre main, qu'il ne demande qu'à se révéler et rayonner dans notre Être, puis hors de notre Être.

Le but à espérer par tous ceux qui entreprennent la quête est de retrouver, grâce à leur paysage intérieur, la trace de leur cité perdue, leur paradis intérieur.

Tous ces dessins sont l'œuvre d'adolescents ou d'adultes. Ils ont été réalisés spontanément, lors de consultations, de conférences, etc.

Pour des raisons techniques, tous les dessins sont présentés en noir et blanc dans le texte ; néanmoins, vous pourrez trouver les dessins en couleur, sous forme de vignettes (du numéro 41 au numéro 68) en fin de chapitre. Certains dessins ont été réalisés en noir et blanc.

Dessin n° 1
Homme 40 ans

Dessin non organisé. Manque apparent d'amour important. L'Être est dépouillé de sa substance.
Beaucoup de blanc laissé sur le bas de la feuille, exprime la nécessité de découvrir son moi avant d'envisager la découverte de l'Être qui l'attire vers le haut.
Pas de couleur, pas de joie, beaucoup de tristesse et de vide de lui-même.
Il a eu peur d'oublier et a noté les éléments qu'il a aussi dessinés dans l'ordre. Cela peut signifier que des automatismes se sont inscrits à son insu dans son inconscient, qu'il a peut-être subi une autorité parentale empêchant l'épanouissement de l'Être.
Beaucoup de souffrance en profondeur, manque d'amour très important, pas obligatoirement visible à l'extérieur car souvent l'individu trouve les moyens de combler le manque dans des activités débordantes, professionnelles, sportives ou relationnelles.

Dessin nº 2

Idem dessin nº 1, non organisé.
Femme 50 ans
Femme ayant subi l'inceste dans l'enfance.
Alcoolisme.
Le dessin est vide, besoin de découvrir la joie, la beauté.
L'arbre est mort, triste ; graphisme fragile, sans racine, sans couronne.
Flaque d'eau. Besoin de mettre de la vie, de la joie dans son paysage intérieur, besoin de s'aimer elle-même, de s'accepter telle qu'elle est.

Dessin nº 3

Homme 28 ans
Abandonné.
Assistance publique.
Dixit l'intéressé :
Le soleil, on ne peut pas le voir. Je le mets derrière le nuage (manque papa).
L'eau, on ne peut pas la voir, je la mets au fond du puits (manque maman).
À ce sujet, il est intéressant, d'essayer de vous rappeler les pensées qui vous ont traversé l'esprit avant de réaliser votre dessin, comme il est intéressant d'écouter ce que disent les gens en réalisant leur dessin. Toutes ces pensées, toutes ces phrases exprimées sont chargées de nombreux enseignements symboliques.
Quoi de plus extraordinaire que ce dessin exprimant la souffrance entraînée par l'abandon des parents.
Manque de racine, de branche, tronc fragile : Qui suis-je à l'intérieur ?
Dessin vers le haut : besoin de retrouver ses racines, d'avoir les pieds sur terre avant d'essayer d'accéder à la spiritualité.

Dessin nº 4

Homme 20 ans
Problèmes de santé importants.
Il avait oublié le soleil, soleil clownesque, l'énergie solaire est faussée. Le soleil est très gros irradiant tout l'espace : manque du côté papa, peut-être par excès d'autorité.

Tout est construit sur le serpent, véritable dragon crachant l'eau : énorme agressivité intérieure, peut-être inconsciente contre maman.
Manque de communication : pas de fenêtres à la maison.
Arbre : un tronc fin : manque de confiance et de solidité, pas de racines, couronne concentrique : attention à l'égocentrisme, à ne pas tout ramener à soi.

Dessin n° 5

Femme 40 ans
Dessin non organisé en paysage, tristesse.
Autorité parentale ayant automatisé, laminé l'esprit.
Un buisson est mis à la place de l'arbre : recherche de son identité comme s'il y avait plusieurs arbres.
L'eau est représentée par une fontaine : manque du côté de la mère.
Serpent agressif.

Dessin n° 6

Femme 45 ans
Dessin peu organisé, beaucoup de manques, mais tout est prêt, en attente de...
Graphisme et trait plutôt flous : expriment le manque de confiance et le besoin de s'affirmer.
L'eau : un étang ou un morceau de mer avec des vagues montre la conflictualité avec l'image féminine liée à la mère, le bateau manifeste le besoin de se mettre en mouvement pour aller ailleurs et lâcher prise avec certaines souffrances.
Les fleurs expriment le besoin de tendresse et de beauté intérieure.

Dessin n° 7

Femme 40 ans
Dessin non organisé en paysage.
Éducation stricte, autoritaire mais tout est là en potentialité.
Le graphisme indique, de même que le tronc large de l'arbre, beaucoup de vitalité dans l'existence.
Un pont sur l'eau : nécessité de passer par dessus, de mettre de la distance par rapport à une mère possessive.

Dessin n° 8

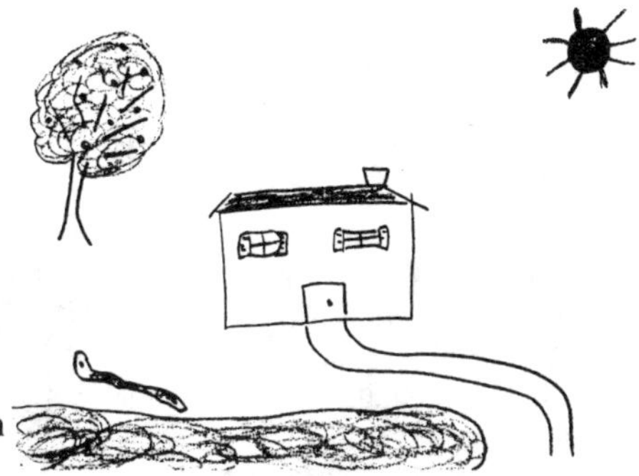

Homme 35 ans

Dessin un peu organisé avec des vides.

Un arbre, à gauche de la feuille : attiré par le passé et le côté maternel ; non ancré en terre par des racines, avec un tronc étroit, signifie un manque de stabilité, de confiance ; des fruits expriment des possibilités de don à l'autre.

Une maison avec des fenêtres en haut : il faut travailler la communication avec les autres et avec son intériorité, sans timidité, sans peur de l'autre, car il n'y avait pas de communication vraie dans l'enfance.

Dessin n° 9

Femme 40 ans

Beaucoup de manque. Sapin : le trait extérieur très net, montre la difficulté à s'extérioriser et de la rigidité. Besoin de s'élever, de grandir, de s'épanouir, de s'exprimer.

Tout est écrasé, en haut : manque de confiance ; concentré à gauche : lié au passé, lié à la mère. *Je dois trouver ma dimension.*

J'ai besoin de lâcher prise avec maman pour exister par moi-même et pour moi-même.

Serpent qui est dirigé vers l'eau : haine inconsciente contre maman. Alcoolisme.

Dessin n° 10

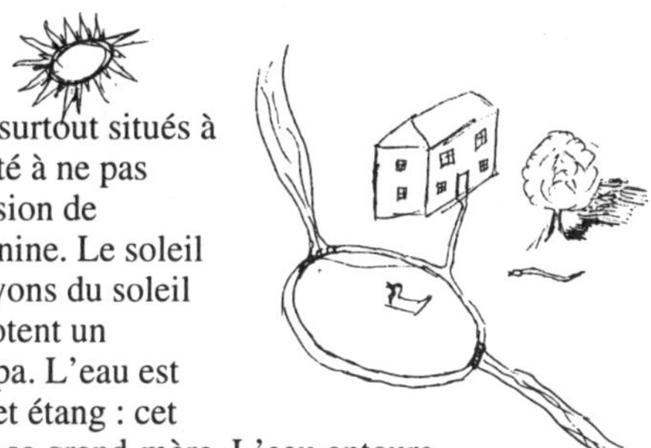

Homme 26 ans

Dans ce dessin les éléments sont surtout situés à droite de la feuille : il y a nécessité à ne pas occulter le passé lié à la transmission de l'amour nourrissant l'image féminine. Le soleil isolé à gauche dans le ciel, les rayons du soleil loin de l'arbre et du paysage dénotent un manque d'amour transmis par papa. L'eau est double, à la fois torrent-ruisseau et étang : cet homme a été élevé par sa mère et sa grand-mère. L'eau entoure la maison, l'arbre et le serpent : besoin de protection mais aussi besoin de lâcher prise avec une image féminine possessive, surtout que la maison est liée à l'eau par le chemin qui mène à l'étang où existent deux ponts.

Le paysage est petit mais il contient tout en potentialité surtout par la maison, exprimant des possibilités de communication intéressantes.

L'arbre possède une ombre : nécessité de transformer des facettes de soi qu'on préfère cacher.
J'ai besoin de prendre possession de mon Être, de lâcher prise avec le passé, sans l'oublier. Je dois grandir, prendre confiance en moi, en me montrant tel que je suis.

Dessin n° 11

Femme 50-60 ans
Dessin non organisé exprimant l'autorité parentale ou ressentie comme telle.
Plus de matière, pourrait-on dire, à l'intérieur de l'Être que les deux dessins précédents.
L'espace est plus imprimé et plus rempli.
J'ai besoin de lâcher avec mon conditionnement afin de m'harmoniser.

Dessin n° 12

Femme 50 ans
La patiente avait oublié le soleil.
L'image masculine manque, ce qui a pu se manifester par le manque du père.
L'eau est dans le coin en bas à gauche : manque côté maman.
L'image de l'homme et de la femme intérieure est à travailler.
Pas de liant entre les éléments.
Le serpent pique le soleil (une fois dessiné). Agressivité inconsciente contre l'image masculine qui n'a pas donné l'essentiel.
Autorité des parents dans l'enfance.
Arbre d'automne, sans feuille : tristesse profonde. Il a des racines qui expriment des pulsions instinctives.
Pas de fenêtre en bas de la maison : ne s'ouvre pas facilement à elle-même et aux autres.

Dessin n° 13

Adolescent 14 ans
Dessin « immobile », éducation ressentie comme autoritaire.
Gentil petit garçon obéissant.
Soleil en haut à gauche, côté passé : l'avenir est libre.
Eau : piscine, manque côté maman.
Peu de fenêtres sur la maison : communication difficile

Maison de grande taille exprimant l'importance de la famille. Manque de fondations, de base solide. Toit de taille importante : la psyché et l'intellect travaillent beaucoup et se posent beaucoup de questions.
Arbre sans racines avec un tronc fragile : manque de confiance, timidité, besoin de stabilité.
Serpent autour de l'arbre : adolescent en cours d'évolution.

Dessin nº 14

Homme 50 ans
Le soleil en quartier exprime un manque. L'image masculine n'a pas été transmise.
L'eau petite et non vivifiante exprime que l'image féminine manque.
L'arbre est énorme avec une immense couronne, au premier plan : besoin d'exister, de paraître, d'affirmer sa virilité, attention à l'égocentrisme, la fabulation, le délire...
Difficulté de communication car 3 maisons sans fenêtres laissent entrevoir que cet homme s'exprime différemment selon les personnes rencontrées. Ce qui était le cas pour ce patient.
En cas de familles différentes, on retrouve souvent 2 maisons, 3 maisons ou plus s'il y a 2 ou 3 séparations ou plus du couple, entraînant des foyers différents successifs.

Dessin nº 15

Femme 30 ans
Soleil peu radiant.
Il pleut : tristesse. Maman qui envahit tout (idem la mer).
Arbre triste, sans vie. « Je n'existe pas. »
Un désir énorme de communiquer :
Immeuble avec beaucoup d'ouvertures.
Mais la TV est-elle une communication vraie ? Plutôt un succédané, une illusion, une fuite.
À force de regarder la TV et ses *reality show,* on croit vivre quelque chose... Mais tout n'est qu'illusion...

Dessin n° 16

Homme 50 ans

Je dois me défaire de mes parures extérieures pour trouver la parure qui brille en moi afin de communiquer avec mon Être profond, Être « en fête » dans mon intérieur et l'harmoniser avec l'univers sans me perdre dans les méandres de la vie superficielle de tous les jours que j'ai de plus en plus de mal à supporter, mais j'ai tellement besoin des autres pour me rassurer.

Dessin n° 17

Femme 50 ans

En me libérant de mon moi enfantin, je dois faire naître en moi la joie, le rythme, un brin de folie pour démarrer la quête car je peux donner aux autres, comme un pommier donne ses pommes sans rien attendre en retour.
J'ai sûrement en moi des automatismes transmis par mes parents.
J'ai été une gentille petite fille très romantique.
J'ai besoin d'améliorer mes moyens de communication et de travailler sur mon image féminine.

Dessin n° 18

Femme 60 ans

Gros serpent dans l'eau : agressivité contre maman.
Soleil pesant : papa écrasant ou idéalisé, encombrant le futur.
Communication – fenêtres en haut, besoin de montrer patte blanche, avant de communiquer avec les autres et avec elle-même.
Tout le dessin est construit sur l'eau symbolisant maman. Aspiration à lâcher prise avec maman (*couper le cordon*).
Arbre : manque de racines, de branches, le feuillage est dans une couronne en lasso assez torturée.

Dessin nº 19

Femme 35 ans

Pour avoir et Être, je dois impérativement transformer ma haine envers maman en Amour.

Dessin nº 20

Homme 31 ans : maladie grave.
Arbre tout petit, besoin de grandir, de trouver sa place, d'exister et d'Être.
Arbre les pieds dans l'eau et à gauche, serpent proche de l'eau : attaché à maman et au passé.
Le soleil est loin de l'arbre : manque d'amour côté papa, ou ressenti comme tel.
Dessin avec des vides : besoin de se remplir de l'essentiel.
Une colline, le ciel, des courbes arrondies, besoin de tendresse, de stabilité et de sécurité.

Dessin nº 21

Homme 35 ans
Même auteur que le dessin précédent après 4 ans et rémission complète de la maladie.
Net changement après un grand travail sur lui-même..
On retrouve toujours la même symbolique mais différemment.
Soleil pesant, gros, papa est un *patriarche.*
Il y a 2 arbres. On pourrait dire l'ancien et le nouveau.
Nécessité de réaliser l'unité en lui pour envisager l'avenir sereinement.
Des sapins : besoin de s'élever ; le sapin peut aussi indiquer « le froid » et ses épines « piquent » donc besoin de chaleur et de douceur.
Le serpent est dans la mare : agressivité contre maman.
Mais il y a beaucoup plus de « matière » que dans le précédent.
Évolution à poursuivre : toujours le même travail de lâcher-prise avec maman et papa, besoin de se réunifier, de communiquer encore plus et de s'épanouir dans la famille.

Dessin n° 22

Femme 50 ans

Je me suis construite au travers de papa et maman, ils se sont peut-être réalisés au travers de moi.
Je dois savoir maintenant qui je suis.
Toute mon agressivité dirigée originellement vers papa et maman est endormie. Je dois la réveiller, afin de regarder en face mon ego, mon double et le transformer, grâce à l'Amour. Je découvre la dimension extraordinaire de l'Être sans me perdre dans une vie sociale, certes très intéressante, que je peux vivre pleinement, mais avec conscience.

Dessin n° 23

Femme 30 ans

Soleil couchant ou levant peu visible : manque papa.
Soleil sur l'eau (la mer), à gauche du dessin (le passé) séparé du reste du dessin par une falaise comme si elle avait voulu mettre de la distance par rapport au couple parental conflictuel.
D'ailleurs le serpent descend le long de la falaise vers l'eau comme pour en garder l'accès.
Les problèmes de mes parents ne sont pas les miens, je les laisse vers le passé pour construire ma famille et moi-même sur un roc vers l'avenir.

Dessin n° 24

Homme 40 ans

Tout le dessin est construit sur l'eau. Besoin de travailler sur la femme intérieure.
Saule pleureur : tristesse ; avec les racines dans l'eau : mère possessive.
Un moulin : la communication, la famille est dépendante de l'eau, de maman.
Serpent non loin de l'eau : besoin de lâcher prise surtout avec maman.

Dessin n° 25

Femme 45 ans
Soleil gros : père autoritaire.
Maison avec beaucoup de fenêtres : ouverte sur les autres mais il faut trouver la communication juste surtout que l'arbre exprime par son trait extérieur des difficultés dans l'échange avec l'autre.
Le soleil et l'eau sont du côté droit avec le serpent bloquant l'avenir : besoin de lâcher prise avec le négatif transmis par le couple parental à l'origine du couple intérieur.

Dessin n° 26

Femme 40 ans
Le soleil est manquant mais il irradie l'atmosphère.
Manque d'eau vivante. Eau = étang.
Soleil se reflétant dans l'eau, à droite : besoin de lâcher prise avec le couple parental.
Le serpent pique l'eau et désigne maman.
Arbre fragile : besoin de confiance, de solidité, dessiné à gauche, accroché au passé, lié à maman ; les racines expriment le côté instinctuel, pulsionnel nécessaire pour la stabilité future.
Maison *volante,* non stable. Avait oublié la maison : besoin de communication intérieure pouvant se réaliser à l'extérieur dans la famille, besoin de découvrir son moi et d'exister dans le monde matériel.

Dessin n° 27

Femme 50 ans
Dessin un peu figé mais harmonieux.
Romantique : il y a des fleurs.
Eau vivante, eau en retrait du dessin mais base du dessin.
Maison avec fenêtres, cheminée.
Famille stable bonne communication avec les autres.
Les branches de l'arbre ne sont pas apparentes : nécessité d'épanouissement.
Le serpent est agressif (*crochets sortis*) mais harmonieux par rapport à l'ensemble du dessin, il se fait dorer au soleil.
Les poissons dans l'eau expriment l'inconscient, les pulsions, la difficulté à être cerné, car le poisson n'est pas facile à attraper, à saisir.

Dessin n° 28
Femme 40 ans
J'ai manifesté en moi beaucoup d'éléments positifs. Je dois encore travailler sur l'image masculine qui est en moi et mettre un peu de souplesse dans mon intériorité. Mon chemin de vie m'indique la bonne perspective et la bonne direction.

Dessin n° 29
Femme 55 ans
Un gros soleil : papa autoritaire, idéalisé. « Papa, c'est tout pour moi. »
Un sapin : besoin d'altitude, de distance par rapport à la vie matérielle.
Un château : besoin énorme, besoin vital de communiquer à l'extérieur masquant un grand manque de communication intérieure car grand vide.
Besoin d'avoir la maison pleine de monde pour avoir l'impression d'exister.
Eau indéfinie et sans vie : manque d'amour côté maman.
Il faut travailler sur la dimension intérieure.

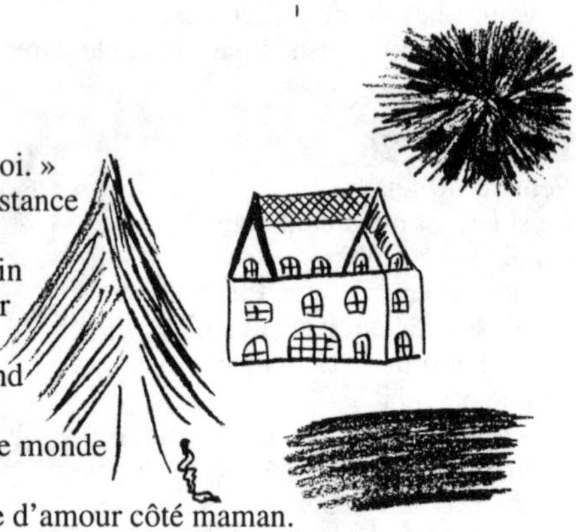

Dessin n° 30
Adolescent
Grâce à l'amour, je vais lâcher prise avec tout le négatif, apparent, transmis inconsciemment par papa et par maman. Je pourrai unifier tout mon Être et me diriger sereinement vers mon avenir afin de faire vivre en moi et dans les autres cette présence qui m'accompagne partout et pour toujours.

Dessin nº 31

Femme 45 ans
Elle a écrit les 5 éléments en haut et à droite : peur d'oublier l'ordre donné.
Gros soleil : a ressenti papa autoritaire ou l'a idéalisé.
Un gros serpent proche de l'eau et de l'arbre dont les racines sont dans l'eau : besoin de lâcher prise avec maman, de couper le cordon. A peut-être senti maman comme trop envahissante d'où l'agressivité dirigée contre elle (le serpent).
La maison : manque de communication.

Dessin nº 32

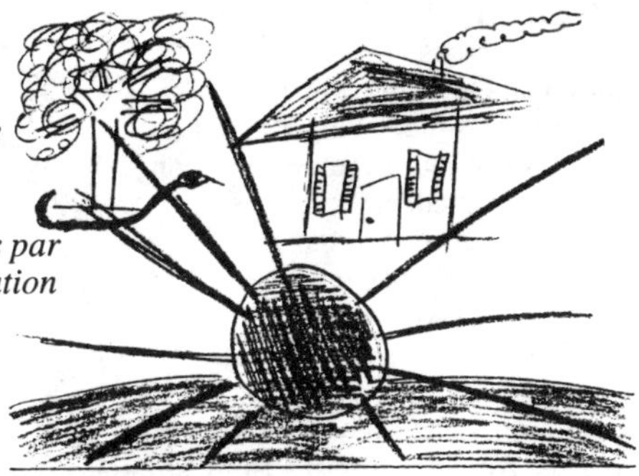

Femme 50 ans
Je dois lâcher prise avec l'image conflictuelle de mon couple intérieur, reflet des énergies masculine et féminine transmises par papa et maman et avec l'idéalisation de mon homme intérieur.

Dessin nº 33

Femme 60 ans
La couronne de l'arbre est manquante : peu d'épanouissement, tristesse.
Soleil sans rayon et amputé : besoin de communiquer.
Arbre à gauche, bloqué sur le passé : tristesse.
je vais mettre de la vie en moi.

Dessin nº 34

Homme 25 ans
Vie en société difficile. Retard.
4 arbres vides signent la recherche d'identité, le besoin de trouver son intériorité. Qui suis-je ?
Mur, grillage autour de la maison, barreaux aux fenêtres : besoin de protection et de sécurité, manque de communication avec l'extérieur, se sent comme emprisonné en lui-même.
Une grande maison : un besoin important de famille où il se sente bien, comme dans un cocon.
Serpent : proche de l'eau, gentil, rapports plutôt conflictuels avec maman.

Dessin nº 35

Femme 35 ans
Graphisme et trait torturés.
L'arbre a les pieds dans l'eau. La mer envahit tout avec une eau non nutritive car salée.
Le serpent est dans l'eau, c'est une eau turbulente avec des vagues : mère possessive, sentiment conflictuel et agressivité contre maman.
Le chemin de la maison mène aussi à l'eau.
Seul le fruit de l'intellect qui alimente la pensée (la fumée) peut permettre d'envisager une solution vers le haut et l'avenir.
Le soleil amputé mais gros dénote qu'il manque un morceau de papa.
L'arbre est flou : besoin d'exister, de confiance, d'amour de soi-même.

Dessin nº 36

Femme 50 ans
Je dois épanouir mon Être, trouver les bonnes fondations de ma structure profonde tout en prenant garde à ne pas masquer mes manques en voulant avoir beaucoup de monde autour de moi et beaucoup de biens matériels pour avoir l'impression d'exister.

Dessin n° 37

Femme 45 ans
Mon Être est piégé par les images du passé, entre une image masculine trop forte et une image féminine conflictuelle envers lesquelles je vais devoir transformer ma haine en amour...
Je vais changer la fontaine en un ruisseau se mouvant dans un paysage ensoleillé où l'arbre s'épanouit en son milieu, avec la maison, véritable havre de paix, de tendresse, de calme malgré la vie trépidante des enfants qui jouent.

Dessin n° 38

Femme 40 ans
Je lâche prise avec mon image masculine négative (trop forte, manquante ou idéalisée) – soleil important et en quartier - *qui m'a été transmise surtout par papa, une autorité importante* (branches de l'arbre très rigides, manquant de souplesse) *que je dois plus canaliser sur moi-même que sur les autres. Mon cœur est blessé, je cicatrise mes plaies profondes et je transforme mon état pulsionnel, passionnel et torturé* (racines, lierre sur la maison) *en élan vers la découverte de moi-même (manque de la tête de l'arbre). J'ai en moi de gros potentiels, mais je dois d'abord me comprendre moi-même, m'aimer moi-même pour me réaliser et transmettre ce que j'ai intégré.*

Dessin n° 39

Femme 50 ans
Arbre très flou, besoin de s'affirmer, besoin de confiance, besoin de s'aimer elle-même.
Immense serpent sortant de l'eau, qui envoie son venin vers le ciel.
Communication difficile : maison dans le lointain avec de petites ouvertures.
Je dois transformer ma haine en amour afin de réaliser ma nature humaine.

Dessin n° 40

Femme 55 ans

Je lâche prise avec mon homme intérieur qui écrase mes possibilités de communication et j'envoie de l'amour à mon père. Je lâche prise avec ma femme intérieure et j'envoie de l'amour à ma mère.

Dessin n° 41

Femme 50 ans

Les couleurs utilisées (turquoise, rose, violet, orangé) exprime la volonté et le besoin de recherche spirituelle pour échapper au passé.

Le fait que tous les éléments soient liés dans le dessin montre aussi un certain travail sur elle-même déjà réalisé.

Les éléments sont à gauche, vers le passé, liés à la mère.

L'arbre est un arbre mort triste, sans feuilles et sans racines. Les branches sont très torturées.

Le serpent est énorme, il a la queue dirigée vers le soleil et la tête agressive sur la porte de la maison qui ne comporte aucune fenêtre.

L'eau représentée par un fleuve, relie les éléments arbre, maison, serpent.

Le soleil est gros et sans rayon, dans l'arbre.

Ce qu'exprime la patiente :

Mes parents ont divorcé.

Mon père m'a élevée jusqu'à l'âge de 8 ans. Il a été absent.

Mon beau-père a été plus présent, très strict, très autoritaire. Il m'a écrasée. À 20 ans, je ne savais plus parler. Ils me disaient : « Tu es sotte », « Tu es peu intelligente », etc.

J'ai toujours été dévalorisée.

Actuellement : mon père est décédé il y a 4 ans. Ma mère a 88 ans et je lui en veux de plus en plus. Je me sens sans famille, sans ancrage. J'ai du mal à aller voir ma mère et mon beau-père. De toutes les façons, chez eux, je ne suis que l'invitée. J'ai de grosses difficultés à communiquer avec les autres. Je me sens triste et torturée, je souffre. Heureusement, je m'exprime à travers la peinture, ma bouée de sauvetage.

Dessin n° 42

Femme 45 ans
Beaucoup de couleurs vives : peut-être besoin de paraître, d'action, de faire...
« Comme dans l'enfance je suis une gentille petite fille qui a fait un beau dessin. »
Tout est là, en potentialité mais il manque du mouvement, du rythme dans mon Être.
Manque d'ouverture sur la maison : besoin de famille, de communication, d'échange. Le vert de l'herbe vient minimiser ce manque.
Soleil en quartier : manque d'énergie solaire. Le jaune de la maison comble ce manque.
Je dois mettre du mouvement dans ma vie pour entreprendre la quête, apprendre à communiquer et m'aimer moi-même avant d'aimer les autres.

Dessin n° 43

Jeune fille 15 ans
Un gros soleil exprimant un manque du côté de l'image masculine, côté papa.
Idéalisation du père.
Serpent rouge dirigé vers papa.
Agressivité inconsciente contre papa.
Le dessin de l'ensemble est flou, manque de confiance. Besoin de retrouver des fondations solides.
L'eau est un étang à moitié dessiné. Manque côté maman.
L'arbre est un saule pleureur : tristesse intérieure.
Mais il y a de la couleur.
On devine les fenêtres sur la maison, manque de communication en société, avec les autres et avec elle-même.
La voie spirituelle s'impose pour affirmer l'Être profond.

Dessin n° 44

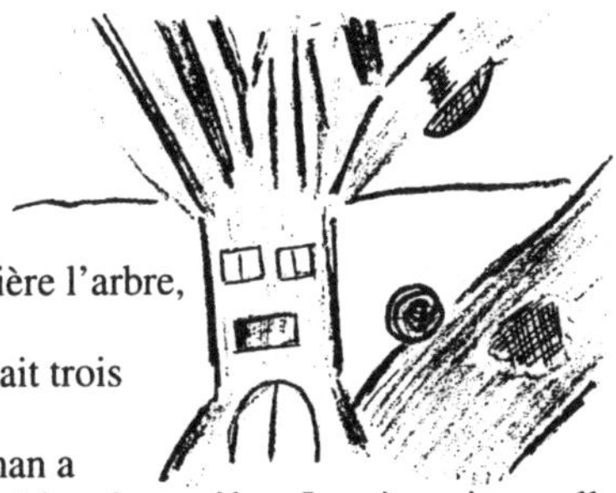

Jeune fille 16 ans
Espace rempli complètement.
Beaucoup de couleurs mais flou, besoin de s'affirmer.
Le soleil est amputé car il est caché derrière l'arbre, et se reflète dans l'eau.
Le père est décédé (parti ailleurs, elle avait trois ans).
Mais le soleil se reflète dans l'eau : maman a apporté la référence du père, elle a joué les deux rôles. Le père vit en elle au travers de maman.
Arbre énorme en grande partie décapité. Qui suis-je ? Attention au paraître.

Se pose des questions existentielles.
Arbre et maison confondus peuvent signifier qu'elle a la possibilité de communiquer avec son intérieur afin de réaliser la globalité de son Être, mais cette voie n'est pas facile. Être et avoir.
Jeune fille en voie d'épanouissement, besoin de spiritualité, manque de l'essentiel.
Un serpent lové près de l'eau, non loin du soleil symbolise toute l'agressivité endormie dirigée contre papa et maman.
L'arbre a les pieds dans l'eau, il manque de racines, mais la porte de la maison se trouve dans les racines, il faudra ouvrir cette porte sur l'inconscient, le caché de l'Être : exprime la nécessité de lâcher prise et de positiver toutes les souffrances vécues dans la petite enfance, surtout que le soleil et l'eau (à droite) encombrent l'avenir.
Maison : communication au deuxième étage : ne s'ouvre pas facilement, timidité, émotivité.

Dessin n° 45

Homme 40 ans
Graphisme torturé, trait non sûr : esprit torturé, manque de confiance.
6 arbres : recherche incessante de son identité. Qui suis-je ?
Un soleil un peu embrouillé se reflétant dans le ruisseau et l'étang : manque côté papa.
Deux qualités d'eau : rivière-torrent et étang indiquent que cet homme a pu être élevé aussi par une grand-mère ou par une tante.
Maman possessive car deux arbres ont les pieds dans l'eau.

Dessin n° 46

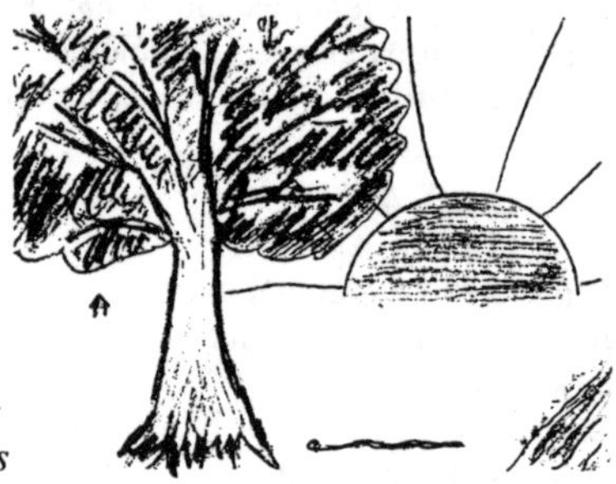

Femme 40 ans
J'ai en moi une grande disproportion entre mon Être et mon avoir.
J'ai souffert dans mon enfance d'un énorme manque de communication, d'affection, de tendresse. Je dois ramener mon arbre et mon soleil à une dimension harmonieuse, plus petits, tout en faisant grandir ma maison avec des ouvertures et par un coup de baguette magique transformer l'eau en un ruisseau alimentant l'arbre. Alors, je pourrai me diriger vers mon paysage intérieur.

Dessin n° 47

Femme 45 ans
Je dois intérioriser mes pensées, méditer pour trouver à l'intérieur ce que je cherche désespérément à l'extérieur.

Dessin n° 48

Homme 18 ans
Évolution déjà avancée. Beaucoup d'imagination, de vie, de mouvement.
Le saule pleureur signale la tristesse, l'angoisse.
Ses pieds sont dans l'eau : la mère est possessive, envahissante ou ressentie comme telle.
Des racines importantes : un côté secret à extérioriser.
Le serpent, non dessiné complètement) est dans l'eau et dans le soleil : agressivité inconsciente envers papa et maman.
Maison sans fenêtres : besoin de communiquer, mais la porte est ouverte.

Dessin n° 49

Femme 35 ans
Beaucoup de beauté, de joie à l'intérieur, attention au côté fleur bleue.
Besoin d'harmonie.
L'eau est représentée par une cascade : conflit avec maman car l'eau de la cascade ou du torrent est porteuse d'une énergie violente.
Le serpent est énorme : beaucoup d'agressivité intérieure.
Pas de fondations à la maison : manque de solidité et de base pour construire une famille, pour construire son moi.
Fenêtres au premier étage : ne s'ouvre pas facilement.
L'arbre est dessiné sous la forme d'un gros tronc : cela témoigne d'un besoin de confiance en soi, d'un besoin de se sublimer, de se valoriser.
L'arbre est à gauche : encore accroché au passé.
Besoin de mouvement et de liant entre les éléments.

Dessin n° 50
Femme 38 ans
Énorme soleil amputé : manque du côté de papa, mais besoin énorme du père.
Idéalisation du père, de l'homme.
Besoin de travailler sur l'homme intérieur.
2 arbres (2 sapins). Besoin de s'élever au-dessus de la superficialité du monde matériel.
Un arbre avec des racines à gauche, comme bloqué par le passé. De grandes racines indiquent le côté instinctif, pulsionnel et secret.
Un arbre à droite en quête d'un meilleur avenir vers le haut.
Un des sapins a les racines visible dans l'eau, l'autre sapin est dans l'eau : l'eau est un torrent (conflit avec maman). Besoin de lâcher prise avec maman.
Deux aspects différents dans l'Être : le sapin avec des boules rouges exprime le besoin de beauté.
Maison chaleureuse. Importance du foyer, de l'harmonie et de la famille.
Besoin de réunifier son Être afin d'Être.
J'ai besoin de me libérer des énergies trop fortes et manquantes transmises par papa et maman – ou ressenties comme telles, pour réunifier mon Être en me dégageant et transformant mes pulsions instinctives liées à ma femme intérieure en pulsions spirituelles afin de réaliser mon couple intérieur.

Dessin n° 51
Femme 20 ans
Beaucoup de mouvement et de personnalité.
Dessin très intéressant, collant à la réalité comme la plupart des dessins.
Énorme soleil prenant tout le côté droit, bloquant l'avenir.
Manque d'affection et d'amour côté papa qui a peut-être voulu en donner trop car il n'en avait pas eu dans son enfance.
Recherche du Père idéal.
Évolution intéressante, beaucoup de vie et d'évolution en perspective.
Eau = torrent bouillonnant = conflit avec maman.
Arbre un peu torturé, décapité, les racines proches de l'eau : imagination en émoi, besoin de spiritualité, de l'essentiel.
Maison sur l'eau : manque de fondations.
Besoin de lâcher prise avec le couple parental afin d'être elle-même.

Dessin n° 52

Femme 40 ans
Le soleil est transformé en visage humain et souriant, heureux, reposé, un peu petit. Il exprime un manque.
Il porte une couronne comme un roi : idéalisation du père.
Le serpent est comme une flèche rouge dirigée vers le passé : agressivité dirigée vers le passé.
La maison est un moulin-église avec peu d'ouvertures, uniquement au premier et au deuxième étage : communication filtrée. Par contre un foyer, une cheminée qui fume, une croix sur le toit, des rideaux, besoin de chaleur, d'un havre de paix où s'exprime l'harmonie.
Eau : elle sort du moulin par la porte, eau avec des flèches à l'intérieur du ruisseau (comme le serpent), exprime la conflictualité avec maman qui a peut-être envahi l'expression et la communication et qui est une source d'agressivité.
Arbre : des racines immenses : besoin de retrouver sa terre nourricière mais aussi un côté pulsionnel important, augmenté encore par la présence des poissons dans l'eau. Cet aspect est à transformer en positif sans fuir la réalité.
Manque de feuillage : besoin d'épanouissement, de spiritualité ; feuillage en festons : besoin de sécurité ; fruits rouges : des potentialités dans l'échange et le don à l'autre.
Arbre à droite, laissant l'eau, le soleil et le serpent à gauche : besoin de lâcher prise avec le passé pour se tourner vers le présent et l'avenir.
Je suis en chemin vers moi-même, mais que de difficultés pour sublimer mon Être et découvrir l'amour bien caché au fond de moi. Je m'aime.

Dessin n° 53

Adolescente 14 ans
Le soleil est filtré derrière le nuage, seuls quelques rayons passent : la patiente n'a pas connu son père entre 3 et 12 ans.
L'arbre ressemble à une branche morte qui semble pleurer : énorme tristesse, vide intérieur qui la pousse à paraître, à imaginer, à mentir, à se mentir, à fabuler. *Je veux exister à tout prix..* Mythomanie.
Elle dessine une petite fille : elle-même. Elle existe dans son monde à elle, avec sa communication à elle.
La maison se transforme en chaussure : ne peut rester en place ; fugue.
La chaussure peut exprimer qu'elle a vécu dans plusieurs foyers et qu'elle a souvent déménagé. *Où est ma place ?* La couleur violette de la chaussure indique qu'en canalisant sa haine et en la transformant par la voie spirituelle,

elle pourra sans doute se diriger vers elle-même et inverser son pas vers l'avenir.
La chaussure écrasant une bouteille d'eau non potable, accrochée au serpent montre toute son agressivité inconsciente ou consciente contre maman.

Dessin n° 54

Idem 53 Adolescente 14 ans
Après certaines explications données à la jeune fille du dessin précédent, cette jeune fille décide de refaire un dessin, en faisant attention à ce qu'elle fait.
Mais avec l'inconscient on ne peut pas tricher, même si l'on connaît le test.
L'interprétation du dessin n° 54 est quasiment la même que celle du dessin n° 53.
Un tronc sans racine, avec des trous, sans couronne, décapité : je n'existe pas. Je n'ai pas encore tout l'essentiel en moi : je suis fragile, bien qu'apparemment forte, je ne sais pas qui je suis, car j'ai ressenti en moi des événements douloureux qui ont laissé des cicatrices profondes, *séparation des parents.*
Deux serpents doubles dont deux piquent le soleil : papa ; un pique maman, un pique le château réalisé en trois morceaux qui désignent les trois foyers successifs : *je ne sais pas qui je suis, je ne sais pas où j'habite, j'ai de l'agressivité en moi et je l'exprime.*
Comme tous les dessins sont bons, celui-ci l'est aussi car il contient beaucoup de possibilité d'évolution si la bonne voie est prise.

Dessin n° 55

Femme 21 ans
Dessin original : l'Être s'épanouit mais il y a toujours des problèmes.
Arbre énorme : beaucoup de branches et de feuilles, attention à l'égocentrisme, besoin d'humilité, ne pas vouloir exister à tout prix. Un morceau de la couronne de l'arbre manque : qui suis-je ? Besoin de spiritualité.
Une branche horizontale est dessinée à gauche pour s'identifier à maman et une à droite pour s'identifier à papa.
De nombreuses racines dans la terre : une imagination en alerte, mais une partie dans la mer avec des vagues tumultueuses : nécessité de lâcher prise avec le passé (maman), et de s'ouvrir sur l'avenir bloqué par le soleil (papa).
La maison : sur une branche, une hutte sans porte comme la maison des petits cochons, faite de briques, de bois et de paille : besoin de communi-

cation vraie, de trouver sa vraie famille, besoin de revenir sur terre pour vivre dans le monde matériel.
Serpent : volant et agressif dirigé vers le soleil (papa) qui bloque l'avenir (à droite).
À rajouté un hibou et un oiseau, qui comme le serpent, volent. Les animaux volants, bien qu'exprimant l'animalité de l'individu, font le lien entre le ciel et la terre, la voie spirituelle s'impose.
Je dois travailler, grâce à mon intelligence, sur l'humilité de mon Être, pour faire décroître l'orgueil de mon ego et alléger mon âme.

Dessin nº 56

Homme 26 ans
Frère de la jeune femme du dessin 55.
Dessin plus flou que le précédent.
Besoin de s'affirmer et de confiance en soi. Mais là aussi dessin original, coloré, toute la surface de la page étant occupée : épanouissement en devenir.
La maison : floue avec des ouvertures, sans fondations solides. Elle exprime le besoin de retrouver ses bases, sa vraie famille, sa communication vraie.
Un ciel sombre, il pleut : tristesse. Manque (du côté maman).
Un gros soleil confondu aux racines de l'arbre : les images masculine et féminine sont inversées.
Le soleil nourrit l'arbre par le bas, dans la terre.
L'eau vient du ciel : la pluie.
Comme si la référence masculine (loi, règles) avait été donnée par maman et la référence féminine nutritive, intuitive, avait été amenée par papa. Mais l'une envahit, l'autre brûle.
La problématique papa-maman transforme le serpent en arc-en-ciel exprimant la haine et l'agressivité nécessaires pour retrouver le ciel.
J'améliore mon image homme et mon image femme, j'envoie de l'Amour à mon père et à ma mère pour transformer le passé négatif transmis par mes aïeux mais nécessaire à mon évolution.
Je dois vivre dans le présent, la tête au ciel certes, mais les pieds sur terre, car c'est ici et maintenant que je peux dénouer les liens subtils qui peuvent libérer mon Être.

Dessin nº 57

Homme 45 ans
Je dois guérir les blessures de mon enfance (trou sur le tronc de l'arbre) *et me libérer de mon image féminine très forte et conflictuelle* (serpent près du torrent et des rochers pointus) *pour transformer tout le pulsionnel caché de mon Être* (racines). *Je dois adoucir mon homme intérieur qui me pousse à tout*

vouloir trop diriger à l'extérieur parfois avec violence. Je dois me défaire de mon paraître (couleurs vives) *afin d'équilibrer mon masculin et mon féminin, ce qui me permettra de mieux me réaliser dans la famille avec une communication vraie sans besoin de me sentir rassuré et protégé* (barrières, balcon).
Je me libère du passé et m'ouvre au changement.

Dessin n° 58

Femme 35 ans
Les couleurs vives expriment un risque d'égoïsme et un besoin de paraître et d'exister aux yeux des autres.
Du mouvement, pas de vide : toute la page est coloriée : épanouissement personnel entrepris.
Beaucoup de liant, de couleurs : beauté, joie de vivre.
L'arbre n'est pas terminé, cherche le haut de la feuille : besoin de spiritualité, qui suis-je ? le nœud de l'arbre exprime une souffrance.
Soleil en moitié. Manque de l'image masculine en rapport avec papa.
Maison, un seul mur, une fenêtre : communication difficile avec les autres et avec elle-même.
Serpent agressif et gros : agressivité inconsciente importante, non loin de l'eau (maman).

Dessin n° 59

Femme 45 ans
J'ai bien avancé sur le chemin, j'ai trouvé une certaine paix, une certaine sérénité, mais je dois penser à la communiquer aux autres.

Dessin n° 60

Femme 55 ans
Je dois lâcher prise avec l'image du couple parental qui m'empêche d'aller vers mon futur et vers mon couple intérieur, tout en travaillant sur mes moyens de communication avec les autres et avec moi-même pour m'épanouir.
Le but de la quête n'est pas loin, il me faut communiquer avec mon intériorité pour mieux échanger avec les autres en prenant garde à mon homme Intérieur qui peut tout détruire et à ma femme Intérieure qui peut tout envahir, ce couple intérieur conflictuel qui pourrait entraîner mon ego à encore plus de paraître et d'orgueil et donc de non–Être.

Dessin n° 61

Homme 30/40 ans
Du mouvement.
Joie Beauté.
Dessin remplissant la feuille et entièrement colorié.
Les couleurs utilisées sont vives : besoin de se sentir reconnu. Le trait noir délimitant les éléments est torturé : peur et angoisse profondes.
Travail en voie de réalisation.
Manque côté homme, papa : soleil couchant ou levant.
Arbre triste, sans feuilles, sans couronne, avec des blessures, des cicatrices.
La tête de l'arbre est absente : besoin d'épanouissement, d'identité, qui suis-je vraiment ?
Maison au loin. Peu d'ouvertures ; fenêtres fermées : communication lointaine, difficilement accessible. Peu d'échanges vrais et profonds avec papa et maman.

Dessin n° 62

Le chemin de l'évolution de l'Être n'est pas toujours facile. Pour m'épanouir je dois lâcher prise avec mon eau intérieure conflictuelle, mon soleil intérieur autoritaire afin de découvrir mon couple intérieur qui va m'ouvrir à l'Amour de moi-même et des autres.

Dessin n° 63

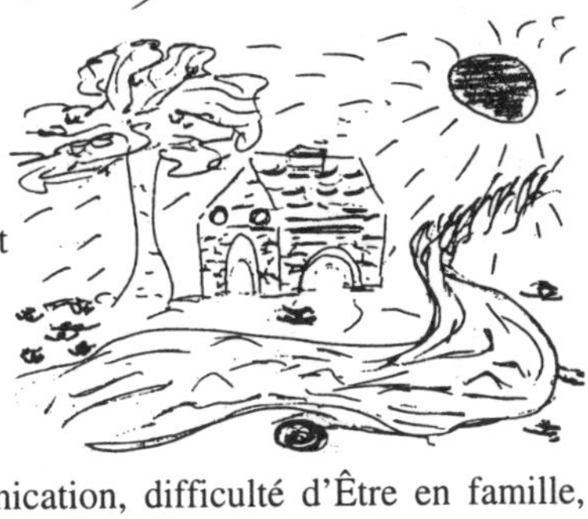

Femme 30/40 ans
Épanouissement personnel en voie de réalisation, démarche entreprise depuis longtemps. Tout l'espace intérieur est rempli. Beaucoup de couleurs. Le rose et le turquoise indiquent le calme, la tendresse, la stabilité, la spiritualité. Le jaune montre la joie et l'action dans la quête.
L'arbre manque de racines.
Peu de fenêtres : difficulté de communication, difficulté d'Être en famille, ou manque du cocon familial dans l'enfance.
Soleil gros : papa ou image masculine sublimée : n'a quasiment pas connu son père.
Eau = un torrent : conflit avec maman.
Soleil et eau à droite bloquent l'avenir. Le soleil se reflétant dans l'eau se retrouve dans les dessins où le père a manqué et où la mère a réalisé en même temps la référence papa et la référence maman. (idem dessin n° 44).

Besoin de lâcher prise avec les problèmes du couple parental conflictuel qui entravent l'avenir.

Dessin n° 64

Homme 40 ans

Je ne suis pas loin de moi-même... Je dois panser mes blessures.
Je dois avoir encore plus de confiance en moi, sans tomber dans les pièges de mon ego.
Avec humilité, j'unifie mon Être afin de savoir qui je suis avant de me fondre dans cette compréhension globale de l'Être où le temps et l'espace disparaissent pour laisser place à la présence de l'impermanence.

Dessin n° 65

Homme 40 ans

Je dois m'harmoniser à la nature avec humilité, m'ouvrir à l'autre et communiquer avec lui par moi-même et pour moi-même. Mes pulsions secrètes et cachées une fois maîtrisées, mon couple intérieur apaisé, je vais pouvoir donner sans attendre en retour.

Dessin n° 66

Homme 62 ans

Beaucoup de mouvement, de précision dans le dessin. Seul le soleil est un peu à l'écart. L'Être s'exprime.
Le marron est souvent utilisé. Il montre un côté passif, un besoin de se sentir chez soi dans sa famille, bien entouré et sans problème, sans ennui. Le reste du dessin exprime la même chose : les collines aux formes arrondies montrent une image femme importante, un besoin de tendresse, un besoin de maman, surtout par le ruisseau qui serpente exprimant aussi une mère possessive. Le serpent proche du ruisseau exprime cette opposition, sûrement inconsciente, à cette enfance très couvée, chouchoutée qui a peut-être empêché de trouver la vraie dimension intérieure (arbre petit, maison petite). Le soleil est à l'écart : le père a été ressenti lointain par rapport au foyer familial, mais ambitieux et fort dans ce qu'il faisait (couleur rouge).

Dessin nº 67

Femme 35 ans
Artiste.
Un dessin tout feu tout flamme, plein de couleurs, très extériorisé, très solaire, très masculin avec un soleil en quartier mais énorme et très coloré.
Mon père a toujours eu une énergie colossale, un véritable héros grec comme Hercule.
Une image féminine plutôt négative avec des flaques d'eau dispersées sur la feuille et des gouttes d'eau qui semblent exprimer des larmes.
J'ai toujours vu pleurer ma mère.
L'arbre (bananier) renvoie au côté extériorisé qui communique beaucoup (par les fruits et ses couleurs).
Le serpent est menaçant... il sépare l'eau et le soleil (le couple parental). Le besoin d'occuper son temps occulte complètement l'Être. Le savoir Être devra s'épanouir pour mettre en harmonie les images masculine et féminine afin de communiquer d'Intérieur à Intérieur avec l'autre.

Dessin nº 68

Homme 26 ans
Je me sens torturé à l'intérieur de mon Être par de nombreuses interrogations existentielles, mais lorsque j'aurai trouvé l'harmonie entre mon homme et ma femme intérieurs, je découvrirai la joie, la beauté, la paix et la sérénité.

Les solutions

Vous êtes maintenant capable de commenter votre propre dessin. À partir de ce petit test, vous avez découvert, peut-être avec surprise, certaines facettes de votre Être à corriger, à transformer.

Alors au travail... Car notre passage sur terre, bien qu'illusion dans la manifestation est pour chacun de nous une chance extraordinaire d'écouter le génie qui veille en nous afin de trouver la voie qui mène à notre réalisation.

Pour imager toute cette réflexion : un symbole chinois, un idéogramme.

Cet idéogramme signifie : l'homme, Être humain dans sa globalité. Il est formé de deux idéogrammes :

– Une demi cercle ouvert vers le haut : le ciel
– Un carré ouvert vers le bas : la terre

L'homme entre ciel et terre

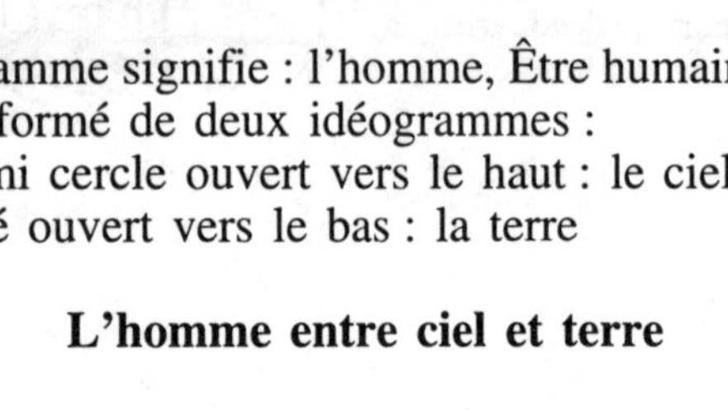

L'homme relie le ciel à la terre.

Relier vient de *religere* qui a donné religion.

La religion quelle qu'elle soit, la tradition, permettent à l'homme de relier le ciel à la terre. Elles poussent l'Être à relire[1] avec attention les textes sacrés, à les décoder, à respecter les rites et les croyances véhiculés depuis la nuit des temps et donc à se relier au passé.

Si on porte attention à cet idéogramme d'un point de vue plus occidental, on peut dire qu'il ressemble à une antenne branchée au ciel, à la terre et sur elle-même.

L'homme à l'image de cette antenne ressemble à un arbre. Comme lui, il a besoin de ses racines pour puiser une eau nourricière dans la terre ; il a besoin aussi de ses branches et de ses feuilles pour capter les énergies cosmiques du soleil et des étoiles. Il pourra ainsi, comme l'arbre, *donner* ses fruits sans condition.

Se brancher à la terre

Qui nous *fabrique* en tant que matière, corps physique, d'os et de chair ?

Nos parents : papa et maman. Nous avons vu qu'ils n'ont pu faire autrement que de nous transmettre, comme dans une course de relais, le *témoin* de l'amour qu'ils avaient eux-mêmes reçu de leur aïeux.

Donc, se brancher à la terre, c'est trouver ses propres racines, se dépouiller de tout le négatif apparent, conscient ou inconscient qu'ils nous ont transmis.

La seule façon de lâcher prise avec ce passé, afin de vivre pleinement sa vie d'homme ici et maintenant, est donc de se libérer

– des boulets que l'on traîne comme des bagnards

– des chaînes qui nous attachent comme des prisonniers, afin

---

1. En latin, il existe une autre étymologie à relier : *relegere* ou relire, car les Romains étaient superstitieux et ils relisaient sans cesse les présages, signes donnés par les dieux (ce qui les reliaient au Ciel) pour leur révéler l'avenir. *Religere* s'oppose alors à *neglegere* : ne pas lire, ne pas faire attention, qui a donné négliger.

d'avancer libre et volontairement vers nous-même, sans béquilles.

Essayons d'ouvrir, petit à petit, les poupées russes de notre ego, en partant de la plus grosse jusqu'à ouvrir la dernière, la plus petite.

Ayons soin de ne pas oublier les cristaux qu'elle contient. N'oublions jamais que toutes les richesses de notre Être sont en nous, très proches, au fond de nos cœurs et que le chemin qui nous y mène nous fait parfois passer par des déserts redoutables.

On va tout simplement pardonner à nos parents, on va Être empli de compassion, on va les aimer, on va les déculpabiliser et notre haine va fondre comme neige au soleil. La haine va se transformer en amour ; cette haine, maladie de l'âme est sans doute à l'origine de tous nos déséquilibres.

C'est aux enfants à pardonner aux parents s'ils le peuvent ou quand ils le pourront. Pardonner quoi ? Trop d'amour et d'égoïsme, trop d'amour et de bêtise, trop d'angoisse et de malheur...

Ou bien trop peu d'amour et le pardon n'en sera pas moins nécessaire. Qu'est-ce autre que devenir adulte[1] *?*

Et puis si l'on raisonne logiquement, qui nous dit qu'on n'est pas impliqué dans le choix de nos parents.

Écoutons ce que nous dit Khalil Gibran au sujet des enfants :

Et une femme qui portait un enfant dans les bras dit :
« Parlez-nous des enfants » :
et il dit :
« Vos enfants ne sont pas vos enfants.
Ils sont les fils et les filles de l'appel de la Vie à elle-même ;
Ils viennent à travers vous mais non de vous.
Et bien qu'ils soient avec vous, ils ne vous appartiennent pas.

1. André Comte-Sponville, *Petit traité des grandes vertus*, P.U.F., 1995.

Vous pouvez leur donner votre Amour, mais non point vos pensées, car ils ont leurs propres pensées[1]... »

Puisque nous avons en nous les deux polarités avoir et Être, Matière et Esprit, il est logique de dire que *quelque chose* en nous a toujours existé de tout temps et de tout espace, car notre niveau conscience rime avec esprit, infini, immortalité, intemporalité, unité, éternité, le Principe, l'ailleurs, le tout....

Notre corps a été créé, mais notre esprit, notre Être appartient au Grand Être, au Grand Esprit comme le disent les Indiens d'Amérique du Nord. Notre moi profond appartient au soi intemporel et authentique.

Et l'Être s'est incarné dans l'avoir

Le moi profond issu du soi intemporel s'est cristallisé dans la matière.

L'âme s'est incarnée dans un corps. Alors qui peut dire qu'on est totalement étranger dans le choix de nos parents ?

Ce choix est peut-être directement lié à nos perspectives d'évolution et à la mission que chaque Être a sur terre, une mission personnelle au service des autres, une mission toujours synonyme d'amour et d'humilité.

Grâce au négatif plus ou moins conscient que mes parents m'ont transmis et parce qu'au plus profond de moi, dans le secret et le sacré de mon Être, je les ai peut-être choisis pour cela, le pourquoi de ma vie sur terre va se révéler en moi.

Une phrase pleine de pardon et de compassion s'impose alors à moi :

J'envoie ou je donne de la beauté et de l'amour à mon père et à ma mère, qu'ils soient heureux et dans le bonheur là où ils sont.

On ajoute là où ils sont surtout si nos parents sont décédés (partis ailleurs) car l'amour peut atteindre son but sans aucune frontière spatio-temporelle.

---

1. Khalil Gibran, *Le Prophète*, Librio, 1997.

Il en est de même, si l'on n'a jamais connu ses parents, si on ne les voit plus depuis longtemps ou s'ils sont éloignés.

Il est dit dans les *Dix Commandements : Tu honoreras ton Père et ta Mère.*

Il est dit dans la *Genèse* et dans les *Évangiles : Tu quitteras ton père et ta mère.*

Ces deux phrases ne se contredisent pas, elles se complètent car c'est en aimant nos parents qu'on va pouvoir lâcher prise avec les liens négatifs qui nous lient à eux et les quitter émotionnellement.

S'aimer soi-même

S'aimer, c'est se Connaître. Se connaître, c'est avoir accès à la connaissance. Dans le verbe connaître, il y a une idée de *naître avec* ou bien d'*Être avec.* Dans le mot connaissance, il y a la dimension d'*avec l'Essence. Ce mot prend alors une dimension quasi magique.* Je me connais, je suis né avec, je suis avec l'Essence ; nous avons vu que l'Essence de l'Être c'est l'Amour ; sans Amour, rien ne se passe dans l'univers, pas de création. L'Amour est la grande Loi qui régit l'univers.

D'ailleurs dans la Bible, le terme qui est employé lorsque deux Êtres s'unissent est le verbe *Connaître.* Donc se connaître : c'est s'aimer, c'est Être branché au Ciel et à la Terre. Si on s'aime soi-même, on peut aimer l'autre, les autres, ses enfants, ses amis au centuple.

Aime ton prochain comme toi même.

On n'a plus besoin d'attendre avec avidité le retour qui remplit ; plus besoin de se rassurer, la sérénité est en nous ; et c'est alors que le retour se fait car il est dit : *Donne et tu recevras.*

Nous appartenons tous à la même essence, de même que le chat, la marguerite, le cristal de roche ou le livre que vous tenez à la main.

L'amour que vous donnez à un caillou, provoque l'éveil de l'amour endormi dans ce caillou, parce que dans toute chose il y a de l'amour endormi, du désir d'échange, des élans de gratitude qui n'attendent que d'être réveillés[1].

Nous sommes tous équipiers dans la même équipe : La création.

Nous étions au début et même avant le début et nous serons là à la fin et même après la fin.

Nous sommes peut-être co-créateurs de l'Univers, « nous sommes des dieux » comme l'a dit saint Jean.

La phrase qui peut s'imposer est la suivante :

Moi, (votre prénom), je m'aime, les autres m'aiment, j'aime les autres, et je me sens de mieux en mieux chaque jour et de plus en plus fort.

Se brancher au ciel

L'homme va retrouver sa dimension spirituelle dans la souvenance de ses origines ou plutôt de son origine.

Être *branché au ciel,* c'est prendre conscience qu'il y a quelque *chose* de plus grand que moi en moi. Cette *chose*, on peut l'appeler de différentes manières en fonction de ses sensibilités, de sa tradition, de sa religion.

Le Principe – Dieu – les quanta d'énergies – le soi intemporel – l'étincelle divine – le grand esprit – le créateur – le Graal – la connaissance – Christ – Allah – le Nirvana – l'éternel – le tétragramme divin YHWH – Bouddha – l'Architecte – etc.

Cette liste est non exhaustive et peu importe le nom, peu importe la religion, la croyance, la tradition, ce qui est important, c'est d'accéder à la foi en un Principe transcendant et immanent à l'intérieur de l'Être.

Nos expériences, bonnes et mauvaises, peuvent nous mener à une compréhension différente de l'Être. Grâce à notre intelligence, l'espérance nous guide vers une foi inébranlable capable de déplacer des montagnes, ce qui nous permet de rela-

---

1. Henri Gougaud, *Les sept plumes de l'aigle*, Seuil, 1995.

tiviser beaucoup d'événements douloureux. Pour cet homme-là, le monde pourrait disparaître, l'univers pourrait s'écrouler, les ruines le toucher sans l'étonner.

L'amour porté à Dieu est pur quand la joie et la souffrance inspirent le même degré de gratitude[1].

Cette foi doit pénétrer notre cerveau gauche et notre cerveau droit.

Cerveau gauche : cerveau conscient, masculin, analytique, ouvert sur le matériel, sur l'action, solaire, le jour, le verbe avoir, la structure, rationnel, papa, la loi, la quantité.

Cerveau droit : cerveau inconscient, féminin, intuitif, réceptif, ouvert sur l'imaginaire, l'invisible, le rêve, lunaire, le verbe Être, la fonction, la nuit, maman, Amour, miséricorde, la qualité.

Toujours cette dualité... à tous les niveaux.

Si la foi a pénétré notre conscient et notre inconscient, alors nos peurs disparaissent.

« La Peur frappe à la porte de la maison. La Foi lui ouvre. Mais il n'y avait personne. »

Nous prenons conscience que l'amour est la loi qui régit tout l'univers. Sans cette loi d'amour, rien n'existerait.

L'amour est l'énergie qui unit toute chose et tout Être dans l'univers. Dans cette dimension, nous sommes tous liés les uns aux autres.

À ce niveau de conscience, la mort n'existe plus, nous sommes un avec l'Univers.

Nous devenons co-créateur de l'univers, nous sommes l'alpha et l'oméga, le retour au Principe est proche, l'évolution se ter-

1. Simon Weil, *La pesanteur et la grâce*, Plon, 1988.

mine et nous allons pouvoir contempler le *trône de Dieu* et dans ce domaine de l'Esprit, seul l'Amour EST.

Donc la phrase qui s'impose pour nous *brancher au ciel* :

J'ai une confiance infinie en la sagesse divine qui œuvre en moi.

Dans le mot divin, il n'y a pas de connotation religieuse, vous y mettez les vôtres si vous êtes croyant en une religion ou en une tradition.

Pour ceux que le mot divin gênerait, on peut imaginer d'autres phrases :

J'ai un amour absolu en la sagesse de la nature et de l'univers qui œuvre en moi.

J'ai une immense confiance en l'Intelligence de la nature qui est en moi.

Mais qu'est-ce que Dieu ?

Sûrement pas un créateur divin décidant de la pluie et du beau temps, mais plutôt un concept métaphysique se rapprochant des considérations de la physique quantique.

Je n'aurais pas la prétention de le définir, mais raisonnons logiquement, sans jamais oublier de garder un sens critique.

Qu'est-ce qu'une vie d'homme de 10 – 20 – 50 – 80 ans, 110 ans dans l'immensité de la vie de l'univers et du temps terrestre ?

Qui parlera de nous dans 200 ans ? À moins d'entrer dans l'Histoire !

– 15 à 16 milliards d'années – Chaos – Big Bang créateur de l'Univers en expansion, une bouillie de matière informe, une explosion de lumière dans la nuit des temps : *et la Lumière fut...*

– 4,5 milliards d'années : naissance du système solaire et de la terre

– 3,5 milliards d'années : apparition de la vie sur terre, par l'intermédiaire d'algues

– 400 000 ans – Apparition de l'homme sur terre

– 6 000 ans – Les temps bibliques
– 2 000 ans – *Avènement des temps nouveaux.*

L'Univers est né, le TOUT est apparu à partir du Big Bang, le grand bruit qui laisse encore un écho dans l'Univers, grand bruit nous rappelant que le son est créateur.

Au commencement était le verbe[1].

Mais qu'y avait-il avant le Big Bang ? Il n'y avait rien : le rien. Il n'y a pas d'avant.

Il n'y a pas de temps, ou il s'agit d'un temps sans temps, dans un espace infini sans matière. Un temps d'éternité, un ailleurs intemporel, comme dans un conte qui débute souvent par : *Il était une fois dans un lointain royaume.*

Mais le tout était donc déjà contenu dans le rien.

Pour mieux appréhender cette gymnastique intellectuelle difficile pour notre esprit humain, nous pouvons nous référer aux nombres :

Le nombre 2, c'est la dualité, la manifestation : le jour, la nuit ; l'homme, la femme ; le Yin, le Yang ; le soleil, la lune ; le conscient, l'inconscient, etc.

Le nombre 1, c'est l'unité, le Principe : le blanc qui restitue la lumière, c'est la façon dont notre esprit humain peut imaginer Dieu comme un grand roi assis sur son trône...qui unifie le tout et contient tous les potentiels.

Mais ce tout est contenu dans le rien : le zéro.

Le nombre 0, c'est l'absolu, le rien, l'infini : ce nombre qui n'est pas tout à fait un nombre et qui contient le tout, le noir qui absorbe la lumière, le nombre qui, multiplié par n'importe quel autre nombre, l'absorbe. C'est le temps infini d'avant la création où le temps n'existe pas, l'espace et la matière non plus.

---

1. Jean **1**. 1.

Avec le 0, on sort de notre univers spatio-temporel, on pénètre une atmosphère sacrée infinie, divine, une conscience ultime, pleine de bonté, d'amour, de beauté... et on pourrait, pourquoi pas, imaginer que la création dans laquelle on se débat ne serait peut-être qu'un grand rêve de Dieu comme l'attestent certaines croyances parlant du caractère onirique de la vie terrestre.

Donc trois notions doivent s'interpénétrer en même temps pour avoir accès à la connaissance, pour permettre à l'Être d'Être.

• L'espérance qui mène à une foi absolue en un Principe transcendant et immanent, une présence qui nous accompagne comme un ange gardien.

• L'amour de nous-même en suivant nos désirs, nos envies ; pas n'importe quelles envies, pas n'importe quels désirs, ceux dictés par notre génie intérieur et guidés par notre étoile intérieure.

Voici donc le court précepte qui t'est donné une fois pour toutes : Aime, et ce que tu veux, fais-le. Si tu te tais, tais-toi par amour ; si tu parles, parle par amour ; si tu corriges, corrige par amour ; si tu pardonnes, pardonne par amour ; aie au fond du cœur la racine de l'amour : de cette racine ne peut naître que le bien[1].

• La libération des liens négatifs transmis par nos aïeux, en prenant avec humour et humilité nos défauts et ceux des autres.

Les trois phrases entièrement positives agissant aux trois niveaux de l'Être sont à apprendre par cœur :

– J'ai une confiance infinie en la sagesse uiverselle et divine qui œuvre en moi.
– Moi, (votre prénom), je m'aime, les autres m'aiment, j'aime les autres, et je me sens de plus en plus fort(e) chaque jour.

1. Bernard Sesé, *Petite vie de saint Augustin*, Desclée de Brouwer, 1992.

– J'envoie de l'amour à mon père et à ma mère, qu'ils soient heureux et dans le bonheur, là où ils sont.

On doit se les répéter très souvent pour les faire vivre en nous, afin qu'elles pénètrent notre inconscient pour remplacer les vieilles phrases négatives qui se sont enregistrées en nous, à notre insu au fil de nos vies.

Au hasard, quelques phrases négatives :

- Je suis nul (nulle)
- Je ne sers à rien
- Je suis moche, gros, maigre, laid
- Je suis bête
- Je hais mon père – ma mère
- Mon père ne m'aime pas
- Ma mère préfère mon frère, ma sœur
- Je ne crois pas en Dieu
- Si Dieu existait, il n'y aurait pas : les maladies, les guerres, les accidents, les catastrophes
- L'homme a inventé Dieu et les religions pour se rassurer, car il a toujours peur de la mort

Ces phrases et bien d'autres hantent nos inconscients car elles se sont répétées des centaines de fois, des milliers de fois et de générations en générations et nous ont tous marqués. L'inconscient (ou le subconscient), comme le nombre zéro qui absorbe les autres nombres, est capable d'absorber, d'imprimer dans notre cerveau toutes les informations, surtout si elles sont répétées. Les médias, la publicité utilisent ces techniques à des fins commerciales ou politiques. Alors pourquoi ne pas faire la même chose, utiliser ces techniques issues de la publicité. Nous allons faire de la publicité à notre inconscient, une publicité positive telle que nous l'enseigne Émile Coué.

La « méthode Coué » souvent tournée en dérision est pourtant à l'origine de bien des techniques de développement personnel.

Rappelons-nous les travaux d'Émile Coué, pharmacien à Nancy, né en 1857 et décédé en 1926, surnommé aux États-Unis, « le marchand de bonheur ».

À cette époque, on s'intéressait énormément à l'inconscient ; tous les grands psychanalystes pratiquaient l'hypnose. Coué n'échappa pas à la règle, mais rapidement, il trouva cette technique trop dirigiste à l'encontre du patient.

L'idée géniale lui vint de constater que l'imagination possède en elle-même un pouvoir et une importance supérieure à la volonté. Le patient peut alors agir par lui-même et sur lui-même en utilisant une *autosuggestion* consciente d'une simplicité enfantine : tous les matins et tous les soirs (au réveil et au coucher par exemple) répéter à haute voix 20 fois la phrase suivante : *Tous les jours à tous points de vue je vais de mieux en mieux,* en gardant les yeux fermés, sans penser, sans intellectualiser. On pourrait dire « se la répéter bêtement » ou « par cœur ». On peut s'aider en comptant les phrases sur les doigts ou comme le préconisait Émile Coué, en « égrenant » une cordelette à 20 nœuds.

Emile Coué continue de préciser sa théorie. L'homme croit que la volonté peut faire des miracles, *oui* mais uniquement si l'imagination est en synergie avec elle.

Pour obtenir une action positive sur notre Être, il est nécessaire que notre conscient et notre inconscient, soient en harmonie et agissent ensemble.

Il nous propose, pour illustrer son propos, l'exemple de la planche : une planche de 40 cm de large posée par terre ne posera aucune difficulté à celui qui voudra la parcourir d'un bout à l'autre sans poser le pied au sol. Par contre, cette même planche placée à une hauteur de 5 mètres pourra susciter de l'inquiétude chez le même individu (*j'ai peur de tomber*, etc.), il ne pourra pas effectuer cette acrobatie sauf s'il est funambule. Car pour ce dernier, son imagination et sa volonté sont en synergie. Il veut et il sait en lui à 100 % qu'il ne tombera pas, il n'a pas l'ombre d'un doute, d'une peur.

Emile Coué reprend la définition du dictionnaire pour le mot « volonté » : *Faculté de se déterminer librement à certains actes et de les accomplir.* « Rien de plus faux » déclare Coué et il continue : *Nous croyons faire librement ce que nous voulons, mais ne sommes que de pauvres fantoches dont notre imagination tient les fils.* D'ailleurs, les dernières découvertes sur l'imagerie du cerveau par la Résonance Magnétique Fonctionnelle montrent qu'imaginer un geste ou l'effectuer réellement activent les mêmes aires du cerveau [1].

On se rapproche du proverbe chinois qui exprime la même notion : *Là où la Pensée va, l'Énergie va.*

Pour activer cette pensée et pour la diriger, il faut impérativement que le « Je peux » et le « Je veux » soient en synergie complète afin de bouleverser l'espace électromagnétique et agir sur le sensible.

Si l'inconscient fusionne avec le conscient, l'imagination s'harmonise à la volonté comme les dix doigts de la main s'entrecroisent pour réaliser l'union de la Droite et de la Gauche ; alors tout est possible. Cette synergie, nous pouvons la diriger vers nous-même et vers les autres. Émile Coué est donc le précurseur de la Pensée Positive reprise par les Docteurs Murphy, Simonton, Jampolsky, de l'action de la prière utilisée par Maguy Lebrun, par le docteur Dossey, des techniques de relaxation, de sophrologie, de développement personnel.. jusqu'à la publicité qui utilise cette méthode en la détournant de sa fonction première.

Un grand médecin du siècle dernier, déclarait au sujet de la prière : *La prière agit sur l'Esprit et sur le Corps d'une manière qui semble dépendre de sa qualité, de son intensité et de sa fréquence.*

Cette pensée, cette énergie peut être dirigée vers nous-même ou vers l'extérieur. Dans notre monde occidental, nous avons de plus en plus de difficulté à prier, à méditer pour nous ou pour les autres. Nous pouvons donc commencer à utiliser cette méthode d'autosuggestion mise au point par Émile Coué.

Comment il faut pratiquer l'autosuggestion consciente

Tous les matins au réveil et tous les soirs, aussitôt au lit, fermer les yeux et, sans chercher à fixer son attention sur ce que l'on dit, prononcer avec les lèvres, assez haut pour entendre ses propres paroles et en comptant sur une cordelette munie de vingt nœuds, la phrase suivante : **Tous les jours, à tous points de vue, je vais de mieux en mieux**. *Les mots,* **à**

1. Docteur Marc Jeannerot in *Énergie et Santé.*

tous points de vue, s'adressant *à tout, il est inutile de se faire des autosuggestions particulières.*

Faire cette autosuggestion d'une façon aussi simple, aussi enfantine, aussi machinale que possible, par conséquent sans le moindre effort ; En un mot, la formule doit être répétée sur le ton employé pour réciter des litanies.

De cette façon, l'on arrive à la faire pénétrer mécaniquement dans l'inconscient par l'oreille, et quand elle y a pénétré, elle agit. Suivre toute sa vie cette méthode qui est aussi bien préventive que curative[1].

Ces techniques répétitives existent depuis toujours dans les Traditions et leurs rites.

Répétons quotidiennement ces phrases apprises « par cœur » comme une prière, comme un mantra, 10 fois, 100 fois ou plus sans les intellectualiser, c'est-à-dire sans mentaliser ce que nous disons, sans y mettre d'émotion.

Au cours de notre vie de tous les jours positivons-nous à haute voix, dans la voiture, à la maison, en nous réveillant lorsque l'on revient du pays des rêves et en nous endormant lorsque l'on part au pays des merveilles.

Faisons de la publicité à notre inconscient, une publicité positive qui va pouvoir améliorer notre Être, au fil du temps.

Cette autosuggestion doit se faire longtemps, peut-être toute la vie.

Ces phrases vont pénétrer notre inconscient et remplacer les vieilles phrases du passé. Nous aurons gagné du terrain vers nous-même et vers la connaissance.

Alors prie, lis, lis, relis, travaille et tu trouveras disent les alchimistes, et puisque la vie est plutôt un jeu qu'un travail, permettons-nous de paraphraser les alchimistes *prie, joue et tu découvriras.*

Nous découvrirons peut-être la réponse à la question : *Comment bien vivre pour bien mourir ?*

1. Émile Coué, *Œuvres complètes*, Astra, 1976.

DEUXIÈME PARTIE

Prière de la paix de saint François d'Assise

Seigneur, fais de moi un instrument de paix
Là où est la haine que je mette l'Amour,
Là où est l'offense que je mette le Pardon,
Là où est la discorde que je mette l'Union,
La où est l'erreur que je mette la vérité,
Là où est le doute que je mette la Foi,
Là où est le désespoir que je mette l'Espérance,
Là où sont les ténèbres que je mette la Lumière,
Là où est la tristesse que je mette la joie.
Fais, Seigneur, que je ne m'efforce pas tant
D'être consolé que de consoler,
D'être compris que de comprendre,
D'être aimé que d'aimer.
Parce que c'est en donnant qu'on reçoit,
En s'oubliant soi-même que l'on se trouve soi-même,
En pardonnant que l'on est pardonné,
Et c'est en mourant,
Que l'on ressuscite à la vie éternelle.

De la réincarnation

C'est l'une des idées les plus anciennes de l'humanité. La croyance en des vies successives est sans doute la plus répandue sur le globe, comme peuvent l'attester ci-dessous les citations puisées aux sources mêmes des traditions.

Dans la Tradition musulmane

Le prince des poètes soufis de la Perse, Hafiz, transpose le mythe chez l'homme et décrit de manière émouvante comment le phénix, ou l'âme humaine, se pose sur Tuba – l'arbre de la vie spirituelle – puis reprend périodiquement une existence matérielle ici-bas :

Il y a bien longtemps, mon phénix avait abrité son nid
Au faîte de la voûte céleste ;
Puis, emmuré dans la cage de mon corps,
Il avait perdu tout espoir en la vie.
Autour de ce monceau de cendres,
Voici maintenant qu'il vole, l'oiseau, plein de vie,
Et dans la niche parfumée du ciel
Il vient encore faire son nid
Quand là-haut il s'envole, il se perche
Sur le rameau d'or du Tuba ;
Il fait sa demeure sur cette arche fertile
Qui offre sa fraîcheur aux bénis qu'il abrite...
Il habite un monde puis l'autre,
Sous lui, souvent, il voit rouler les planètes

Son corps est tout rempli d'air,
Et son âme de l'amour d'Allah[1].

Dans la Tradition bouddhiste

Je me souvins de multiples existences antérieures : une naissance, deux naissances, trois, quatre, cinq... cinquante, cent... cent mille, dans diverses ères cosmiques. Rien ne m'était inconnu ; le lieu de naissance, le nom qui fut le mien, la famille dans laquelle je naquis et ce que j'accomplis. Je revécus les circonstances favorables et défavorables de chaque vie, ainsi que chaque mort. Je renaquis un nombre incalculable de fois. Je me souvins ainsi d'innombrables existences antérieures avec leurs caractéristiques précises et les circonstances particulières qui furent les leurs. C'est au cours de la première veille de nuit que me vint cette connaissance[2].

Dans la Tradition amérindienne (sioux)

[...] *Lorsque le cœur n'est pas pur, le Grand-Esprit ne peut être vu, et si vous deviez mourir dans cette ignorance, votre âme ne pourra pas retourner immédiatement auprès de lui, mais devra être purifiée par des pérégrinations à travers le monde*[3].

Dans la Tradition juive

La Kabbale, comme presque toutes les traditions d'ailleurs, croit en la réincarnation. Ne parle-t-elle pas des « Gilgoulim », ces cycles de renaissance après la mort ? La transmigration de l'âme à travers une série de vies successives, bonnes ou mauvaises, devient dans la Kabbale, comme d'ailleurs dans l'ésotérisme hindou, un processus d'éducation, de purification ou un moyen d'accomplir une mission spirituelle[4].

---

1. Joseph Head, S. L. Cranston, *Le livre de la réincarnation*, Éditions Christian de Bartillat, 1991.
2. Bouddha.
3. Hehaka (Sapa Elan Noir), *Les rites secrets des Indiens Sioux*, Mail, 1992.
4. Jacob Duran, L*es mystères de la Tradition Juive*, De Vecchi, 1995.

Dans la Tradition chrétienne

Il y a si longtemps que des chrétiens défendaient cette doctrine de la réincarnation – les origénistes ont été condamnés au concile de Constantinople en 555 – que celle-ci a été oubliée, alors qu'elle fut une des écoles de pensée suscitée par l'œuvre et les opinions du grand Origène, le plus brillant des Pères de l'Église, qui vécut aux deuxième et troisième siècles. Depuis cette regrettable condamnation, s'il n'a pas été interdit de croire à cette doctrine, du moins ne fut-il plus jamais permis de l'enseigner [...] *Si nous savons lire l'Évangile, il nous apparaîtra comme évident que cette doctrine était une doctrine secrète du christianisme primitif. En effet, lorsque Jésus annonce que Jean-Baptiste est la réincarnation d'Elie, l'un des plus grands prophètes d'Israël (Mat., XI, 14), il ajoute : « que ceux qui ont des oreilles pour entendre, entendent*[1].

Dans la Tradition égyptienne

Les passages du livre des morts égyptiens qui suivent proviennent du papyrus d'Ani, scribe et trésorier des temples en 1450 environ avant Jésus-Christ [...] *L'âme humaine ayant atteint dans l'au-delà son état le plus élevé, déclare : « Je suis l'oiseau Bennou, l'âme-cœur de Râ et sur cette terre... je reviendrai encore*[2]*. »*

Dans la Tradition africaine

En Afrique tropicale, la croyance en la réincarnation est profondément enracinée, pour la plupart des africains, la réincarnation semble être une bonne chose. C'est un retour à ce monde ensoleillé qui permet de connaître une autre période de vie régénératrice[3].

1. Monseigneur André Lhotte, évêque régionaire de la province de France de l'Église catholique libérale.
2. Joseph Head, S. L. Cranston, *Le livre de la réincarnation,* Editions Christian de Bartillat, 1991.
3. E. G. Parrinder cité in *Le Livre de la réincarnation*, cf. supra.

Dans la Tradition grecque

En Grèce, la doctrine de la transmigration... semble avoir été généralement enseignée comme l'une des plus importantes doctrines des mystères[1].

Bien sûr certains textes et notamment certains passages évangéliques peuvent être interprétés différemment voire symboliquement... et au cours d'une même vie nous pourrions mourir à certaines choses, à certaines visions du monde pour renaître à d'autres, toujours avec plus de conscience, de spiritualité et d'amour.

Après ce survol des traditions, essayons de ramener ce concept métaphysique à un niveau plus matériel.

Nous avons notre hérédité léguée par nos aïeux, et comme nous l'avons vu plus haut, notre Être inconscient en quête de conscience, choisit peut-être ses parents en fonction de ses possibilités d'évolution dans cette vie de l'Ici et du Maintenant.

Nous pouvons sans doute avancer que tout est inscrit dans l'ADN de nos gènes. L'ADN (Acide Désoxyribo-Nucléique), est le support matériel de la transmission du code génétique. Il est contenu dans les chromosomes du noyau de chacune de nos cellules.

Lorsqu'on sait, comme l'écrit E. Guillet, que dans ce code génétique, chaque molécule d'ADN représente 600 fois la distance de la terre au soleil, alors le vertige s'installe.

De plus, en considérant qu'un des grands mystères scientifiques au sein de notre code génétique réside dans le fait que 90 % de notre ADN ne s'exprime pas, ce sont des chapitres entiers oubliés de notre grand livre auxquels nous n'avons pas accès. Une immense mémoire peut être en relation avec la mémoire de l'univers.

On aurait peut-être en nous la mémoire du passé et du futur, du début et de la fin.

Des scientifiques affirment qu'il y aurait dans cet ADN *pou-*

---

1. Joseph Head, S. L. Cranston, *Le Livre de la réincarnation*, Editions Christian de Bartillat, 1991.

belle, comme ils l'appellent, la programmation temporelle de notre incarnation.

Dans la Tradition, se réincarner, c'est revenir sur terre ou ailleurs en se choisissant une vie en fonction de la précédente qu'on vient de quitter.

Dans le bouddhisme, le négatif qu'on emmène avec son être de vie en vie et dont on essaye de se libérer afin d'accéder au Nirvana, c'est le Karma.

Se libérer de son karma ou se libérer de tout le négatif apparent que nous ont transmis nos parents revient strictement au même et tout est peut-être inscrit dans notre ADN.

L'expérience même de la mort revêt, du point de vue bouddhiste, une grande importance. Bien que le lieu et la nature de notre renaissance future soient généralement dépendants de forces karmiques, notre état d'esprit au moment de la mort peut influer sur la qualité de notre prochaine renaissance. Aussi, malgré la grande diversité des karmas accumulés, si nous faisons un effort particulier au moment de la mort pour engendrer un état d'esprit vertueux, nous pouvons renforcer et activer un karma vertueux et susciter ainsi une renaissance heureuse[1].

Bien vivre pour bien mourir afin de bien renaître.

L'ADN fait sans doute le lien entre la science et la philosophie, la science et la religion.

Que l'on croie ou pas aux vies successives, qu'importe, puisque nous avons vu que la matière et le temps sont illusion. (Le samsara des tibétains – La maïa des hindouistes).

Revenir dans la manifestation par réincarnation, c'est toujours revenir dans l'illusion.

Les Tibétains et d'autres le disent clairement.

Après ce que nous venons de voir il est tout aussi difficile de dire : « Je ne crois pas en la réincarnation » que « Je crois en la réincarnation ».

On devrait plutôt formuler notre pensée différemment :

« Dans l'illusion spatio-temporelle de la manifestation, il est

1. Soygal Rimpoché, *Le Livre tibétain de la vie et de la mort*, Table ronde, 1993.

très probable que nous revenons de vies en vies. Mais pour atteindre à la Vraie Réalité de l'Être, d'où nous venons, il nous faut sortir de ces cycles, ressusciter en nous le souvenir de notre origine, véritable corps de Gloire, de Lumière et d'Amour. »

Il est quasiment impossible de croire à l'heure actuelle, avec l'évolution de la science en une résurrection du corps-matière, après la mort ; comme il est tout aussi impossible de croire qu'Adam et Ève sont à l'origine de tous les hommes.

Ce n'est pas par une évidence purement sensible, visuelle, tactile que naît leur foi (aux Apôtres) *en Jésus ressuscité* [...] *Paul parlera d'un « corps spirituel »*[...] *Il y eut cet événement : une perception du retour de Jésus à la vie, et cette perception les transforme.*

C'est cela que les récits veulent dire, à mon avis. Ils ne veulent pas dire que Jésus est revenu avec un corps matériel [....] *On est dans le mystère d'une autre réalité, d'une autre dimension, qui n'est pas hors de notre temps ou de notre corps, mais qui n'est pas non plus au même niveau que notre temps ou notre corps. La résurrection de Jésus, c'est en quelque sorte l'éternité qui entre dans le temps, ou le temps qui accède à l'éternité*[1].

Pour sortir de l'illusion et commencer à entrevoir la réalité, la conscience ultime, il faut se dépouiller de son ego et de son savoir, le transmuter, se libérer de ses chaînes, trouver avec volonté, enthousiasme et responsabilité, les rails de sa propre évolution qui mènent aux cristaux qui scintillent et s'y engager.

Voici un conte d'origine soufi intitulé « L'Ami » qui illustre parfaitement le travail à entreprendre :

Un homme vint frapper à la porte de la maison de son ami. Une voix résonna de l'intérieur de la maison : « Qui es-tu pour vouloir rentrer dans ma demeure ? »

L'homme étonné par la question répondit simplement :
« C'est moi ! »

---

1. J. Bottéro-M. A. Ouaknin-J. Moingt, *La plus belle histoire de Dieu : qui est le Dieu de la Bible ?* Seuil, 1997.

« Il n'y a dans ma maison nulle place pour celui qui n'a jamais été éprouvé par le feu de l'expérience ! » *tonna la voix.*

Déçu d'avoir été éconduit, l'homme quitta la ville et entreprit un grand voyage.

Il connut mille aventures qui forgèrent sa volonté et mille autres qui réduisirent à néant ses ambitions. Il chemina sur les routes de la gloire et apprit à garder la tête haute ; puis il connut la honte et la misère et se dépouilla de ses désirs. Il apprit les sciences les plus nobles et devint une sommité dans chacune d'entre elles. Puis il connut le doute et mesura son ignorance.

C'est alors qu'il s'ouvrit à un autre monde : celui où l'on désapprend.

Il vécut en roi et berger, en lion et en chien et c'est dans son souffle qu'il vit un jour l'éclat de la vérité.

Son voyage prit fin dans sa ville devant la maison de son ami qu'il était venu retrouver.

Il fit le calme dans son cœur et frappa à la porte :

« Qui est à la porte ? » *demanda la voix.*

« C'est toi ! » *répondit-il.*

« Alors, entre, toi qui est moi-même ! Il n'y a pas sous mon toit de place pour deux moi ! »

Le chemin qui mène à cette connaissance doit se situer entre ciel et terre.

Des sectes et des matérialistes : danger ! Attention !

Les sectes

Si on ne s'intéresse qu'au ciel, qu'à l'esprit, qu'à la verticalité, qu'à la spiritualité, en oubliant que l'on vit dans la manifestation, la matière, *même* si elle est illusion, rien ne se fera et même pire, on risque de s'envoler dans des sphères dangereuses ou bien d'être happé par une secte.

Lorsque le renard se met à prêcher, prends garde à ta poule [1].

Le renard de ce proverbe incarne le *faux maître,* le *faux prophète, le faux gourou,* celui qui va se *nourrir* de ses *disciples* et en être avide. Il va leur faire croire que par des techniques, ils peuvent acquérir des pouvoirs et accéder à la plénitude de l'Être ; mais par des pratiques extérieures, ils ne pourront pas découvrir l'Être qui sommeille en eux et ne pourront pas accéder au seul pouvoir essentiel : le pouvoir sur eux-mêmes.

Dans les sectes, on trouve un discours spirituel semblable et une fois le système enclenché, on peut se faire embrigader, endoctriner sous couvert de *Dieu.*

D'ailleurs dans tous les mythes, le *diable* prend toujours l'apparence d'un Être bon.

Et comme cela se situe dans le monde matériel, on peut s'y

1. Proverbe basque.

égarer. Le négatif est souvent nécessaire à la quête mais il faut avoir les moyens de ne pas se perdre sur des voies substituées.

La secte, comme son nom l'indique, est une organisation qui coupe, qui sectionne, qui divise.

La secte vous coupe de la société, de la famille, de la religion et la remplace, vous dépossède de votre argent, de vos biens et surtout de vous-même.

Alors Attention ! Mais ne rejetons pas le spirituel pour autant.

Les matérialistes

Science sans conscience n'est que ruine de l'âme[1].

Bien sûr à l'inverse, si on ne s'intéresse qu'à la terre, qu'à l'horizontalité, qu'à la matérialité, si on ne veut qu'assouvir sa soif de pouvoir et de domination sur ses semblables, uniquement posséder des biens, des gens, et les utiliser sans modération dans quelques domaines que ce soit, si on ne met pas de spiritualité dans tout événement de la vie et *Dieu sait comme c'est difficile,* on reste au niveau le plus bas, près du sol. Nous ne sommes plus maîtres de notre destin, nous le subissons, comme un avion dont le pilote aurait perdu son plan de vol, comme un bateau sans gouvernail.

Alors, Attention, relevons la tête.

L'attitude juste est celle de la prise en compte simultanée du matériel et du spirituel, des délices de ce monde et de la paix de l'autre monde comme l'exprimait Khalil Gibran.

---

1. François Rabelais, *Pantagruel*, Flammarion, 1997.

De la quête

Un ami me confia un jour : *La tradition primordiale voit le monde dans lequel on vit, le monde manifesté, comme une expression passagère d'un Principe universel : l'Être.*

L'Être, dans sa plénitude se suffit à lui-même, sa transcendance se révèle ici-bas et ce qui se passe ici-bas ne le touche d'aucune manière. Le Principe est immuable et n'est en rien affecté par sa manifestation. La pensée et l'imaginaire guident la révélation qui relie la manifestation au Principe. Cette révélation n'est donc qu'un reflet du Principe dans la manifestation. La quête consiste en un dépassement de notre condition inhérente à la manifestation, de notre condition d'homme, pour éveiller en nous ce qui est l'essence même du Principe, et participer librement à son dessein. Nous passerons ainsi de l'homme à l'Homme... de l'homme existence à l'Homme Essence.

Le texte précédent ainsi que ceux qui vont suivre, nous mettent sur les rails de notre évolution. La quête propulse l'homme sur la voie de réalisation de son Être afin que les trois niveaux spiritus, animus et corpus (esprit, âme et corps) se fondent les uns dans les autres pour se réunir et s'harmoniser.

Le plus facile est d'ignorer le chemin ; ensuite on peut prendre conscience de la quête.

Il est difficile de faire le premier pas et contraignant de faire vivre cet éveil en soi à chaque instant de notre vie et dans chaque acte, avant que tout s'éclaire...

Le haut et le bas fusionnent, l'homme éclairé par son engagement agit justement, le monde s'ouvre devant lui...

Il faut que l'esprit devienne corps et que le corps devienne esprit, c'est la solution de l'Œuvre[1].

Lorsque l'on est sur ce chemin, les coïncidences s'accumulent, elles ne sont plus de simples hasards mais les signes de la providence qui nous guide.

Lorsque toutes les circonstances de ta vie commenceront à s'enchaîner suivant l'expression de tes désirs, lorsque les difficultés s'aplaniront miraculeusement devant toi, lorsque tu verras toutes les volontés plier devant la tienne, et tes ennemis concourir eux-mêmes inconsciemment à l'accomplissement de tes projets et à la réalisation de ton destin, tu pourras avoir la certitude alors, d'être parvenu bien avant dans la voie[2].

L'accomplissement de mon Être dans sa globalité passe par la symbiose des trois niveaux les plus importants de l'Être comme le suggérait l'idéogramme chinois vu plus haut.

Il s'agit donc d'harmoniser mon ciel, ma terre et mon moi.

Le but, c'est le ciel, mais pas n'importe quel ciel.

Pour y accéder, le passage par le terrain de jeu, la terre, est nécessaire avec ses difficultés, ses pièges, ses dévers, ses aspérités, ses tentations. Si l'on prend l'image du jeu de boules, à ce moment-là, ayons l'idée du but dans notre conscience... Mais je suis aussi le joueur qui lance cette boule, le joueur qui fait le premier pas, je fais donc les choix qui sont les meilleurs pour moi à cet instant, sans aucune peur et sans aucun doute.

Lorsque je lance la boule, j'ai toujours à l'esprit l'idée du but à atteindre et l'enjeu : arriver le plus près du but possible pour gagner sur mon ego, sur moi-même et puisque dans ce domaine tout est permis, sans prétention aucune : toucher le but (le soi) et s'y fondre...

On retrouve cette symbolique dans le jeu de la marelle où

1. Roger Bacon in *Grillot de Givry*, cf. infra.
2. Grillot de Givry, *Le Grand Œuvre,* Editions Traditionnelles, Paris, 1978.

la jeune fille doit pousser à cloche-pied une pierre de la terre au ciel pour passer de l'horizontalité à la verticalité.

Une quête spirituelle se fait dans la sublimation de la matière, une quête volontaire, engagée en toute liberté, dans la joie et l'enthousiasme de la découverte du chemin juste qui mène aux merveilles de la nature.

• J'ouvre mon esprit, j'élève ma conscience et je ressens la Présence qui m'accompagne :
Ce quelque chose de plus grand que moi en moi.
Je n'ai plus peur, je ne suis plus seul.

Un homme en plein désespoir marche sur la plage et s'adresse à Dieu : « Mais Dieu qui es-tu ? on m'a toujours dit que tu étais là, à côté de nous, quand on avait besoin de toi. Pourtant, je marche sur le sable, j'ai tant besoin de toi, et quand je me retourne, je ne vois qu'une trace de pas sur la plage. » *Alors, tout à coup, le ciel s'ouvre, une lumière intense envahit l'espace, une musique merveilleuse inonde l'Univers, des anges montent et descendent et Dieu répond :* « Mais c'est que je te porte dans mes bras[1]. »

Dans un premier temps, je ressens cette présence, elle me rassure, comme mon ours en peluche lorsqu'enfant j'avais besoin de tendresse et de douceur pour m'endormir puis dans un second temps ; elle me comble, avant que je puisse la rayonner dans un troisième temps, autour de moi.

Cette démarche authentique va la plupart du temps me mettre face à moi-même, face à ma dualité et m'éprouver. Devant ces obstacles je reste lucide en conservant, présent à l'esprit, le but à atteindre.

• Je réponds à mes désirs avec joie et enthousiasme afin de m'aimer moi-même, et non aux envies que les autres ont pour moi.

1. Texte anonyme.

Je me pose les questions suivantes :

Ai-je vraiment envie de faire cela ?

Suis-je vraiment guidé sur mon chemin intérieur, par mon enfant intérieur, par la connaissance qui est en moi ?

Mais que signifie ce mot *vraiment* ?

Ce Désir doit venir du plus profond de mon Être, de mes cristaux qui scintillent d'une myriade d'éclats et de couleurs.

Ils sont le vecteur juste de la mise en mouvement de ma vie vers sa *finalité.*

Ils sont le guide, le point fixe, comme l'étoile polaire pour les marins.

Une étoile à cinq branches sera découpée dans une peau brute. Ce sera l'étoile sacrée du matin qui se tient entre l'obscurité et la clarté qui représente la Connaissance[1].

Ne nous laissons pas piéger par les envies et les tentations de notre ego qui alourdissent notre âme !

Là est la plus grande difficulté.

Ne nous laissons pas trop envahir par la routine de la vie de tous les jours qui nous maintient dans l'illusion du non-Être.

Sachons perdre notre temps ou plutôt prenons du temps pour nous-même.

Tant de gens disent

Je ne me suis jamais écouté

Je ne me suis jamais occupé de moi

J'ai tout fait pour mes enfants, mon mari, ma femme

J'ai tout donné pour mon travail

J'ai tout donné aux autres

Sont-ils sûrs ces gens-là, d'avoir donné aux autres sans se faire plaisir à eux-mêmes, et en plus, à leur insu. Cette attitude est souvent une fuite inconsciente devant des souffrances cachées. Cette attitude n'est bien sûr pas condamnable, elle est normale et nécessaire pour l'évolution de la conscience.

---

1. Hehaka Sapa, *Les rites secrets des Indiens Sioux,* Mail, 1992.

Tant de gens disent

Je n'y peux rien, c'est plus fort que moi, je ne peux pas faire autrement, je ne pourrai rien changer en moi car *c'est dans ma nature.*

Ce « c'est dans ma nature » est un non-sens. On devrait dire : « C'est dans ma fausse nature. »

Cette fausse nature que j'ai prise pour ma nature, c'est mon *petit moi matériel,* mon *ego* que j'ai pris pour moi-même au fil du conditionnement inconscient de mon cerveau.

Chassons le faux naturel car c'est lui uniquement qui revient au galop. Laissons le vrai naturel nous envahir pour accéder à notre personnalité. Lâchons prise avec cette négativité qui alimente le non-Être de notre individualité. Restons éveillés et vigilants. Restons à *l'écoute avec l'idée du but et de l'enjeu.* Car l'*enjeu* est notre *futur vrai,* notre *destin vrai...*

Transformons les phrases suivantes que nous utilisons tous les jours :

Je dois..., il faut que..., je voudrais..., j'essayerai..., je devrais..., j'aurais pu..., j'aimerais...

en : je vais..., je peux..., je désire..., j'aime..., je fais..., j'ai envie de..., etc.

• Lâchons prise avec les conflits, le passé et ses automatismes (ce faux naturel). Rions de nos ennuis, de nos travers, de nos défauts et de ceux des autres, avec compassion et pardon. Prenons avec humour les petits désagréments anodins de la vie de tous les jours qui parfois peuvent nous la rendre difficile, voire insupportable.

Cette quête est un éveil de tous les instants, une conscience en alerte dans les actes de la vie de tous les jours, surtout et encore plus lorsqu'elle paraît difficile.

Expérimenter à tout moment dans n'importe quelles conditions, la présence éternelle en même temps que l'ego déchu, telle est notre voie, ce qui nous est possible [...] *Mais c'est très difficile. Pourquoi ? Parce que celui qui en nous expérimente les choses est absent ? Il n'existe pas. Il lui faut prendre nais-*

sance et croître en nous. L'esprit est en nous, parfois il nous appelle.

Nous allons voir dans les chapitres suivants comment continuer, sur le chemin tracé par les anciens, à nous libérer de la gangue qui obscurcit les cristaux qui scintillent. Empruntons les pas des auteurs des contes, mythes et légendes. Écoutons leur message initiatique pour notre légende personnelle, devenons des aventuriers tels Gulliver, Peter Pan, Pinocchio, Alice, etc. au sens étymologique du mot aventure qui vient de *adventus,* l'avènement, ce qui doit arriver et s'accomplir.

Des conflits

La grande règle en matière de spiritualité : ne pas répondre à l'agression par l'agression. Car lorsque nous sommes en conflit avec quelqu'un ou dans une situation difficile, si nous répondons à l'agression par l'agression, il va se tisser dans le subtil, une corde *invisible* qui opposera et liera les *antagonistes,* les *belligérants.* Plus le conflit est grand, plus la *corde est tendue* et plus les personnes concernées souffrent.

Ces personnes devront *tirer sur la corde* de plus en plus fort, et *c'est la guerre.*

Par contre si d'un côté ou de l'autre quelqu'un prend conscience que ce conflit peut le ronger, le rendre malade, lui faire du mal, alors une seule solution : ouvrir la main pour lâcher la corde. Mais pour ouvrir la main, il faut transformer notre haine, notre agressivité en positif, en amour.

Je ne veux plus que cette situation conflictuelle avec ma femme, mon mari, mon patron, mes amis, ma direction, ma famille, mon voisin, mon fils, ma fille... me perturbe. Plus elle dure, plus elle me perturbe, plus elle est dangereuse pour moi, surtout si je ne l'extériorise pas.

Ce conflit est très perturbant pour moi ; je ne dors plus, je ne pense qu'à cela, j'intériorise mon agressivité et ma haine : *Si je pouvais l'avoir en face de moi, ce type est un voyou., je me rends malade à cause de lui...d'elle...*

Alors extériorisons, parlons, crions, rions, écrivons et dédramatisons :

J'ouvre la main, je lâche la corde et j'envoie du positif.
Je vais essayer de changer mes pensées, je prends conscience que si l'autre agit de la sorte c'est qu'il souffre lui aussi, mais moi je ne veux plus souffrir, je lui pardonne pour sa méchanceté, je suis plein de compassion pour lui.

Dans certaines situations, cette réflexion, cette prise de conscience, nous pousse à faire le premier pas vers le rétablissement d'une communication, d'un dialogue voire d'une réconciliation.

Bien sûr, dans d'autres cas, ce sera plus difficile, voire impossible en pratique d'améliorer les choses. Alors dans nos pensées rien ne nous empêchera de faire ce travail même si en face tout incarne la méchanceté, la violence, la tromperie, la vilenie, l'injustice.

Si on fait ce travail de lâcher prise, cette dimension va nous permettre *d'ouvrir la main* et de ne plus donner la possibilité à la partie adverse d'avoir une prise, une emprise sur nous et puis si les *adversaires* continuent de *tirer sur la corde,* ils risquent de *tomber avec.*

Brisez votre colère. De quelle manière ? En ayant de la compassion pour celui qui est l'objet de votre colère. La colère et la cruauté sont dues à une incompréhension de la Torah. Étudiez la parole divine. Exercez votre intelligence. Être obsédé par la colère revient à perdre la présence de Dieu en soi-même. La colère empêche Dieu de descendre en nous[1].

Lorsqu'on désire fonctionner sur ce mode positif, il se dénoue dans l'invisible des nœuds d'énergie et en nous-même aussi.

Des événements changent comme par magie, des symptômes disparaissent du jour au lendemain.

Nous éveillons notre conscience, nos champs électromagnétiques s'équilibrent, reviennent à la normale et tout s'apaise bien avant que ne puisse survenir une maladie.

1. Jacob Duran, *Les mystères de la Tradition Juive,* De Vecchi, 1995.

De la santé, du bien-Être, et de la joie de vivre

Pour Rabbi Nahman, par exemple, toutes les maladies n'ont qu'une origine : la tristesse. C'est une grande mitsva (mitsva : mot hébreu signifiant commandement, obligation, engagement) *d'être toujours dans la joie, de se renforcer et d'éloigner la tristesse et l'amertume de toutes ses forces.*

Toutes les maladies qui viennent sur l'homme, toutes viennent de la dégradation de la joie [...] *La joie est un grand remède. Il s'agit de trouver en soi un seul point positif qui nous rende joyeux et de nous y attacher*[1].

Prise en charge globale d'une pathologie

Par exemple : un patient consulte pour un mal de dos, un *lumbago,* un *tour de rein,* suite à un *faux mouvement,* un *coup de froid.*

Niveau physique : médecine allopathique avec traitement classique : anti-inflammatoire, décontracturant, antalgique, après radiographie si nécessaire, etc.

Niveau énergétique : vertébrothérapie, homéopathie, acupuncture, phytothérapie, etc.

Ces thérapies prennent aussi en compte le niveau suivant.

Niveau psychique :

1. Marc-Alain Ouaknin, *TSIMTSOUM. Introduction à la méditation hébraïque,* Albin Michel, 1992.

Est-ce la première fois ?

Si oui, le niveau physique ou/et énergétique suffisent souvent à équilibrer le système.

Si non :

Question : Depuis quand avez-vous mal au dos ?

Réponse : 10 ans environ.

Q : Que s'est-il passé dans votre vie, il y a 10 ans.

R : Ah, oui, je me souviens, c'était l'époque de mon divorce.

Q : Était-ce une période difficile de votre vie ?

R : Oui, ça a été émotionnellement très dur. Rien que d'en parler, j'ai les larmes qui me montent aux yeux. Mon partenaire est parti avec quelqu'un de plus jeune... Maintenant que vous m'en avez fait prendre conscience, c'est depuis ce temps-là que j'ai mal au dos. D'ailleurs il y a quelques semaines, j'ai eu une nouvelle déception affective.

Niveau conscience :

Q : Dans votre enfance..

R : Je n'ai pas eu une enfance heureuse. Mes parents étaient commerçants, ils m'ont mis en pension à l'âge de 6 ans. Avant c'était ma grand mère qui me gardait. Ma mère ne m'a jamais témoigné d'affection. Elle ne m'embrassait jamais, elle ne me prenait jamais sur ses genoux, elle ne me serrait jamais dans ses bras. D'ailleurs, elle trompait souvent mon père. Mais mon père était soumis et ne voulait pas le savoir.

Q : Et vos parents, dans leur enfance ?

R : Mon père vient de l'Assistance Publique, il a toujours souffert du dos.

Ma mère avait une mère (la grand-mère qui me gardait) très autoritaire, comme l'étaient tous les parents à l'époque.

Vous avez certainement suivi au cours de ce dialogue caricatural, la programmation négative du patient qui exprime dans un premier temps un symptôme, sa douleur.

Vous comprenez encore mieux les raisons qui doivent nous pousser à nous connaître de façon globale, afin de mettre en place les moyens permettant d'essayer d'accéder à la réalisation de notre Être... Mais attention de ne pas tomber dans l'excès inverse, de tout vouloir chercher à analyser.

Mettons-nous en marche vers la santé : la santé c'est se libérer de tout ce qui met en péril l'équilibre de l'individu, c'est-à-dire tous les poisons qui viennent de l'intérieur et de l'extérieur de l'Être.

Les poisons intérieurs

Ils sont les plus subtils et les plus inconscients, très souvent à l'origine et au déclenchement de la maladie : l'amertume, la colère, la culpabilité, la jalousie, l'hypocrisie, l'hostilité, la pression incessante de la compétition, l'agressivité, la haine, les souvenirs inavoués ou impardonnés, les mauvais traitements ou les violences subis dans l'enfance, la peur, l'angoisse, toutes les tensions, toutes les frustrations, les émotions refoulées, les chocs psychiques et émotionnels, les manques d'amour, etc. produisent dans le corps une surabondance de substances chimiques toxiques affaiblissant nos défenses.

Selon une étude finlandaise sur plus de 10 000 personnes, les enfants non désirés ont un risque de devenir schizophrènes multiplié par 2,5. Les auteurs suggèrent que le stress maternel pendant la grossesse peut affecter le développement cérébral foetal. Le stress post natal pourrait aussi jouer un rôle : la mauvaise atmosphère familiale pendant l'enfance pourrait altérer le développement cognitif et émotionnel et accroître ainsi le risque de schizophrénie[1].

Les poisons extérieurs

Les drogues, le tabac, l'alcool, l'alimentation dénaturée et synthétique, la pollution des airs, des mers, de l'eau et des terres, l'élevage industriel des animaux, les pollutions cosmotelluriques et électromagnétiques, les irradiations, les effets secondaires iatrogènes de nombreux médicaments, certains traumatismes physiques, etc. produisent aussi dans le corps des désordres affaiblissant nos défenses.

Avec cette compréhension globale de l'Être humain nous distinguons mieux toutes les possibilités d'action des thérapies existantes. Elles sont complémentaires les unes des autres. En

1. Étude publiée in *British Journal of Psychiatry* (1996, 169 : 637-640).

sachant que certaines peuvent agir sur plusieurs niveaux à la fois.

Pour une médecine globale et complémentaire

Conscience	Spiritualité Psychologie analytique
Psychisme	Psychanalyse Psychothérapie
Biologique	Acupuncture - Homéopathie Auriculomédecine - Vertébrothérapie Phytothérapie - Réflexothérapie Nutrithérapie
Physique	Hygiène de vie Allopathie

Nous arrivons sur terre avec un potentiel différent d'un Être à l'autre, et les cristaux qui scintillent de mille couleurs et de mille éclats seront plus ou moins faciles d'accès. Nous allons donc déclencher en nous, inconsciemment, pour y arriver, des joies, des peines, des situations conflictuelles, des pathologies, etc. Et bien sûr avant d'éveiller notre conscience nous allons croire que tous ces événements arrivent par hasard.

Ces situations parfois dramatiques, difficiles à gérer, à surmonter, à dépasser, vont être source de notre évolution intérieure.

J'ai vécu des expériences que je n'aurais jamais connues autrement et pour lesquelles je dois remercier le cancer : l'humilité, l'acceptation de ma propre mortalité, la découverte constamment renouvelée de ma force intérieure et bien d'autres choses que j'ai pu découvrir à mon sujet parce qu'il m'a fallu m'arrêter net, faire le point, puis poursuivre[1].

1. Sogyal Rinpoché, *Le livre tibétain de la vie et de la mort*, Table ronde, 1993.

Utilisons pour équilibrer notre Être une médecine globale qui peut nous aider à tous les niveaux : physique, énergétique, psychique, spirituel.

Faire preuve de bon sens, c'est utiliser toutes ces possibilités afin de nous respecter et de nous aimer. Prenons donc soin de nous. Aimons-nous avant de pouvoir aimer l'autre et les autres.

1. Niveau physique – Mécanique – Organique

Allopathie = médecine actuelle : la base de la pyramide.

On ne peut que se louer des progrès réalisés dans ce domaine au cours du vingtième siècle : les moyens thérapeutiques médicamenteux, la chirurgie, la réanimation, la biologie, la recherche, les moyens diagnostics, la prévention, etc. permettent de diagnostiquer, traiter et soulager de nombreux maux et d'augmenter l'espérance de vie.

Mais nous savons que toute une partie de l'Être n'est pas visible.

La médecine doit être à *l'écoute* Le médecin doit être à *l'écoute* de son patient comme s'il était à *l'écoute* de lui-même.

2. Niveau biologique – Énergétique – Fonctionnel

Ce niveau est intimement lié au précédent, il va permettre le bon fonctionnement de la mécanique.

A. *Hygiène de vie*

À l'origine, l'homme n'est pas sédentaire, il chasse pour se nourrir, pour nourrir sa famille et sa tribu.

Il procrée pour assurer la pérennité de l'espèce.

Il loue le Très-Haut, par l'intermédiaire de rites sacrés où se mêlent les invocations, la musique, la danse, la transe, etc.

Il joue, il rit et il dort...

L'homme devenu sédentaire a en lui toutes ces nécessités.

Tous ces besoins profonds vont se décliner au cours des siècles et vont perdurer dans nos sociétés *dites civilisées.*

Ces besoins vont parfois être utilisés consciemment ou

inconsciemment d'une façon très insidieuse et pernicieuse en sachant que toute exagération dans l'un des domaines qui vont suivre éloigne l'homme de lui-même.

Toute substance, toute situation peuvent devenir une habitude puis une drogue si on en est dépendant. On peut, sans s'en rendre compte, combler ainsi nos manques inconscients.

Alimentation

Il existe de nombreux ouvrages sur le sujet, de nombreuses écoles, mais ne tombons pas dans l'excès, dans le dogme de certaines techniques. Alimentons-nous le plus sainement possible, afin de mettre un bon carburant dans notre corps, garant du bon fonctionnement de nos organes. Alimentons-nous dans la convivialité de l'échange et de la relation. Évitons de nous nourrir à la hâte. Manger est un acte sacré.

Là où ça pousse, quand ça pousse, comme ça pousse, disent les Chinois. Ce précept plein de bon sens, montre l'intérêt de s'alimenter avec des produits cultivés dans la région, aux saisons où ils y poussent, une alimentation vivante, la plus naturelle, la plus biologique possible, malgré les difficultés actuelles, sachant que c'est à partir de cette matière première que l'on construit son corps.

Toxiques

– Le tabac est la plante sacrée pour les Indiens d'Amérique du Nord. Dans cette tradition, très proche de la nature, elle doit être fumée uniquement lors des cérémonies sacrées.

– Le vin, dans certaines circonstances (Noé, les noces de Cana, la Messe), doit permettre à la joie d'emplir le cœur des hommes. Il peut les relier symboliquement au créateur.

– Les drogues dans certaines traditions (Amérique du Sud) sont hallucinogènes et ouvrent l'esprit, mais uniquement dans certaines circonstances et pour certaines visions. Dans nos civilisations, où le sacré est en voie de disparition, ces drogues deviennent des habitudes. Elles alimentent le non–Être, comblent artificiellement nos manques en devenant des succédanés d'existence. Elles ne sont qu'illusion.

Le besoin inconscient de cérémonies sacrées est remplacé dans notre société par des activités de substitution, souvent de véritables « opiums du peuple ». Certaines musiques, certains événements, certains rassemblements font appel à notre instinctivité, ils peuvent s'emparer de notre jeunesse et la pervertir par une transe qui n'a rien de spirituelle.

Mais on ne peut rejeter en totalité ce besoin profond. On se doit d'en informer nos proches et nos enfants.

Rien ne nous empêche de nous rendre à ces manifestations, si nous assistons à ces événements en pleine conscience, c'est-à-dire une conscience en éveil qui sait que la finalité de la vie est ailleurs.

Alors, attention !

Pollutions extérieures

Nuisances des airs, des eaux et des terres, élevages dénaturés, ondes électromagnétiques nocives, radioactivité, tellurisme, effets secondaires de nombreux médicaments peuvent déclencher en nous des désordres énergétiques, voire physiques...

Certaines études, certaines publications, posent le problème de leur toxicité.

Sommeil

Respectons nos propres cycles de sommeil, 6 à 10 h par nuit.

Pratiquons l'auto-suggestion, la relaxation, la méditation, avec assiduité au coucher et au lever.

Le sommeil est un passage toutes les nuits vers un univers imaginaire : le rêve.

Ces rêves peuvent être instructifs... ils peuvent nous enseigner. Nous pouvons nous mettre en état de réceptivité, et préparer notre nuit. Il nous faut peut-être chercher et trouver l'art de rêver. Pour commencer, pourquoi ne pas continuer à utiliser la méthode Coué et nous répéter cette phrase en nous endormant ? : *toutes les nuits, je rêve de mieux en mieux...*

Certains rêves sont en rapport avec le vécu de notre journée, très imprégnés de matérialité. D'autres sont plus en rapport avec notre conscience, ils peuvent être de véritables outils initiatiques pour notre évolution.

Sans rêves et sans imaginaire, pas de vie.

Le sport – L'exercice physique

L'homme dit « civilisé » ressent en lui le besoin d'exercice physique qui correspond à la nécessité pour lui de chasser, de pêcher, de travailler la terre pour subsister.

Devenu sédentaire au fil du temps, l'homme s'est mis à pratiquer le sport.

L'esprit de compétition a fait son apparition.

Mais le sport à outrance n'est-il pas une fuite, une drogue devant des manques plus profonds ?

Ne pourrions-nous pas retrouver une pratique sportive avec moins d'esprit de compétition, en harmonie avec les éléments de la nature, seul ou avec les autres ?

Sexualité

Ce même homme *civilisé* possède en lui la nécessité ontologique de procréer pour la pérennité de sa descendance.

Au fil du temps, une sexualité à finalité de plaisir, de jouissance physique a fait son apparition. Ne pourrions-nous pas retrouver l'harmonie dans une sexualité plus authentique ? Nous aborderons ce sujet dans le chapitre sur le couple.

B. Thérapies énergétiques

Actuellement, la médecine considère la maladie comme une perturbation moléculaire locale. Nous venons de montrer qu'il existe superposé à ce corps moléculaire, intriqué avec lui un corps électrique. Le champ électrique ou plutôt électromagnétique de Burr (H. S. Burr, anatomiste de Yall découvre ce champ dans les années 30) en est en quelque sorte le résultat [...] *L'étude du champ électromagnétique de Burr montre à l'évidence que tout désordre pathologique c'est-à-dire visible au niveau moléculaire, est précédé – souvent très longtemps à l'avance – d'une modification du corps électrique*[1].

Ce corps électrique, électromagnétique, englobe bien entendu le niveau énergétique, le niveau psychique, le niveau conscience qu'on nomme dans d'autres traditions le corps éthérique, le corps astral, le corps spirituel.

1. R. et B. Dutheil, *La médecine superlumineuse,* Sand, 1992.

On les retrouve dans les enseignements orientaux, on parle alors de méridiens d'acupuncture, de chakras, de corps subtils, etc.

Les principales techniques énergétiques sont : l'homéopathie – l'auriculo-médecine – la vertébrothérapie – la médecine chinoise contenant outre la phytothérapie, l'acupuncture, etc.

Nous venons de le voir, une bonne hygiène de vie permet déjà un bon fonctionnement énergétique.

Mais nous sommes dépendants des cycles naturels et nous y sommes plus ou moins sensibles.

Sommes-nous soumis à l'influence des planètes ?

Devons-nous croire en l'astrologie ?

Écoutons ce que nous dit à ce sujet Étienne Guillé, agrégé de physiologie et de biochimie :

La confrontation de nos données scientifiques avec les données astrologiques a pu débuter lorsque nous avons constaté au cours des années que des séquences d'ADN répétées, concentrées dans l'hétérochromatine constitutive, contenaient des métaux [...]

La découverte de ces métaux dans les molécules d'ADN et l'élucidation progressive des propriétés qu'ils produisaient dans la séquence d'ADN qui les contient, c'est-à-dire des changements de conformations spécifiques ont provoqué un choc chez les scientifiques qui ont daigné s'y intéresser. Le choc a été plus grand, un traumatisme profond, une véritable explosion là aussi, lorsque nous avons corrélé cette présence de métaux dans l'ADN avec l'attribution par les alchimistes aux planètes du système solaire (l'Argent à la Lune, l'Or au Soleil, le Fer à Mars, etc.)[1].

Après ce paragraphe, on peut se poser la question suivante : Notre ADN est-il influencé par les planètes ?

Là encore la science et la Tradition sont sur des voies de convergence.

Il est tout aussi difficile de dire : *Je crois en l'astrologie,* que : *Je ne crois pas en l'astrologie.* Si je crois en l'astrologie

---

1. Etienne Guillé, *l'alchimie de la vie : biologie et tradition*, collaboration Christine Hardy, Éditions du Rocher, 1991.

traditionnelle ou en l'astrobiologie d'Étienne Guillé, je suis bien loin de l'astrologie commercialisée, médiatisée de nos radios, de nos journaux et de notre télévision. Elle n'est qu'une astrologie à sensation, prédictive et événementielle, une astrologie s'adressant au monde matériel et illusoire de l'ego. Elle pourrait être dans d'autres conditions, une voie d'accès à l'Être.

Comme le suggère Régis Dutheil, notre corps ne serait qu'un hologramme formé de particules allant moins vite que la lumière. Cet hologramme serait la projection de notre conscience pour sa part formée de particules allant plus vite que la lumière, « des particules superlumineuses ». L'homme avec son champ de conscience peut alors être comparé à un aimant avec son champ magnétique invisible.

Mais nous sommes aussi dépendants de notre vécu.

Avec les « techniques énergétiques », nous pouvons nous équilibrer dans les moments difficiles, dramatiques et stressants de nos vies : deuil, maladie, handicap, divorce, chômage, licenciement, retraite parfois, déménagement, etc. Ces techniques peuvent s'adresser, toujours en complément de l'allopathie, à certaines pathologies aiguës, certaines pathologies chroniques, ainsi qu'à une vision préventive de la santé entre le niveau physique et le niveau psychique de l'Être, car il vaut mieux prévenir que guérir.

Attendre que la maladie se soit formée pour y remédier, c'est attendre d'avoir soif pour creuser le puits[1].

3. Niveau psychique

Ce niveau est capital et trop souvent ignoré dans notre civilisation, alors qu'il suffirait souvent d'écouter ou d'être écouté.

Le thérapeute doit prendre le temps de poser les bonnes questions.

Depuis quand avez-vous ces problèmes, ce symptôme ? Que s'est-il passé dans votre vie à ce moment là ? Existe-t-il des

1. Lao Tseu.

événements douloureux, des conflits, des stress, des peurs difficiles à extérioriser ?

Toute situation plus ou moins dramatique peut être amplifiée par l'existence d'un conflit déjà vécu ou d'un conflit transgénérationel de même connotation.

Si de plus, elle est vécue dans l'isolement, non extériorisée et persiste un certain temps, elle peut déclencher un désordre dans un premier temps énergétique, puis dans un deuxième temps physique et organique.

Pour le Talmud, la thérapie est le « déliement », le « dénouement » de la bouche, et la maladie, l'existence d'un nœud qui fonctionne comme mensonge et interdit.

Que veut enseigner ce texte ?

Que la maladie est un mal-à-dire, selon cette formulation toute talmudique de Lacan. Malade de ne pouvoir parler parce que la parole est enchaînée, parce qu'elle n'a plus de lieu, d'espace pour s'exprimer[1].

D'ailleurs de nombreuses expressions du langage populaire expriment les maux du corps. Le bon sens de nos anciens a laissé des traces dans notre langage parlé. Quelques exemples :

L'avoir en travers de la gorge, de l'estomac
Ne pas l'avoir digéré
Avoir la gorge serrée
Avoir la respiration coupée
Être à côté de ses pompes
En avoir plein le dos
Le poids du monde sur les épaules
Se faire de la bile
Se faire du mauvais sang
Tomber malade

Cette dernière expression évoque la notion de descendre vers la terre (horizontalité) et non de s'élever vers le ciel (verticalité).

Une règle d'or si on veut rester en équilibre : parler, dédra-

1. Marc-Alain Ouaknin, *TSIMTSOUM. Introduction à la méditation hébraïque*, Albin Michel, 1992.

matiser, ne rien garder de négatif à l'intérieur de soi-même. Mais certains ont du mal à extérioriser leurs problèmes et ne veulent pas ennuyer les autres avec leurs soucis. Ces derniers peuvent écrire sur *leur journal...* leurs peurs, leur haine, leur agressivité, leurs angoisses, leur culpabilité et éventuellement lorsque tout est sorti, le brûler, le jeter au feu, pour que toute cette négativité disparaisse et se transforme en positif. Cette notion est capitale.

La parole articulée est une des grandes acquisitions de l'homme avec la station debout (verticalité) et le rire (joie).

La parole est son et rythme, la vibration s'organise.

Nommer et créer comme dans la Genèse... Verbaliser nos émotions intimes, nos *non-dits.* Le Verbe est important ; d'ailleurs tout a peut-être commencé par lui, comme l'écrit saint Jean dans son Évangile.

Aux États-Unis, des études statistiques montrent l'intérêt de la psychothérapie de groupe.

Des patients, atteints de maladie grave, pouvant échanger entre eux leur vécu, et avoir des réponses concernant leur maladie et leur traitement, dirigés en cela par un professionnel de la santé auraient moins de probabilité de récidive et plus de survie[1].

4. Niveau Conscience – Spirituel

Presque toutes les religions et traditions s'accordent sur le fait que ce niveau conditionne tous les autres. Une des possibilités d'appréhender ce niveau vous a été proposée dans ce livre par l'intermédiaire du dessin de votre paysage intérieur.

Ce niveau peut être abordé de nombreuses autres manières en fonction des sensibilités de chacun.

Certains peuvent attendre l'expérience mystique, elle est rarissime. Certains pratiquent leur religion. Mais la religion doit vivre en eux à tout moment de leur vie. Sentir le sacré dans tous les actes de la vie de tous les jours avec les autres ou seul et dans le silence. Certains recherchent la vacuité totale par la

1. *Quotidien du Médecin* n° 5350 du 14/02/94.

méditation. Certains la trouveront peut-être en une étincelle de seconde et d'autres après des heures de relaxation.

Au commencement du travail on doit s'asseoir dans une chambre tranquille, le corps doit être comme du bois sec, le cœur comme de la cendre refroidie. Il faut abaisser les paupières, regarder à l'intérieur, et purifier le cœur, laver les pensées... Tous les jours on s'assoira pour la méditation... On doit imprimer un rythme à la respiration du nez et fixer les pensées sur le portail obscur... Mais si on ne rythme pas la respiration on ne peut pas réaliser les mystères les plus profonds... C'est seulement après un travail consécutif de cent jours que la lumière est pure : c'est seulement alors que l'on peut se livrer au travail avec le feu spirituel[1].

Certains, comme les Indiens Sioux, rechercheront la réalisation au travers une voie initiatique en se laissant informer et instruire par des rites et des symboles qui devront vivre en eux ; le rite étant un moyen de s'harmoniser aux les lois universelles ; mais si leur vie n'est pas en accord avec ce qu'ils prônent, alors leur âme risque de s'alourdir de plus en plus, piégée dans l'orgueil et le paraître du non-Être de l'ego. À l'inverse, si leurs actes sont en accord avec ce qu'ils enseignent, alors leur âme peut se libérer et s'élever légèrement vers l'Esprit.

Je dois vous expliquer ici qu'en édifiant la loge de la danse du soleil, nous construisons réellement l'Univers en image ; car vous devez comprendre que chacun des piliers autour de la loge représente quelque objet particulier de la création, de sorte que le cercle complet est la création entière, et l'arbre unique au centre, sur lequel reposent les vingt-huit perches est le Grand Esprit, qui est le centre de toute chose. Toute chose vient de lui et toute chose retourne à lui tôt ou tard[2].

Dans cette recherche, prenons garde de ne pas nous égarer dans les méandres de notre intellect qui pourrait se perdre dans un désir avide de culture, de savoir et de pouvoir.

---

1. Lao Tseu.
2. Hehaka Sapa, *Les rites secrets des Indiens Sioux,* Mail, 1992.

Certains ont la nécessité de suivre une psychanalyse spiritualiste où le thérapeute permet les transferts nécessaires et où le chemin du thérapeute passe par la voix du cœur.

Je pense même que le meilleur thérapeute est celui qui, ayant souffert du mal de vivre, s'est engagé dans une recherche authentique, pour sortir de son ignorance. Entendons bien que l'ignorance n'est pas un non-savoir intellectuel, mais un manque d'ouverture de conscience[1].

Revenons à la méthode Coué

Pour commencer, vous pouvez si vous le désirez, vous répéter les phrases vues précédemment et d'autres qui ont pour but de faire pénétrer en vous une information, un message, une pensée positive.

Se répéter à voix haute des phrases entièrement positives sans les intellectualiser (sans penser à ce qu'on dit) n'est peut-être pas aussi *bête* que cela. Mais mon ego qui est toujours là, m'a déjà dit pendant que je lisais ce livre, que ces phrases sont idiotes, ridicules et qu'elles ne servent à rien, que ce n'est pas avec cette technique que je vais évoluer.

Faut-il croire mon ego ?

Dois-je douter de mon pouvoir sur moi-même et de la puissance du Verbe ?

Mon ego réagit peut-être ainsi pour sa survie.

Alors ne doutons pas et positivons.

Outre les 3 premières phrases vues précédemment et la célèbre phrase d'Émile Coué qui touchent à l'essence :

- **J'ai une confiance infinie en la sagesse universelle et divine qui œuvre en moi.**
- **Moi (prénom) je m'aime, les autres m'aiment, j'aime les autres et je me sens de plus en plus fort(e) chaque jour.**

---

1. Paul Montangerand, *La voix du cœur, chemin du thérapeute*, Lyon, 1995. Chez l'auteur : 3, rue Ney, 69006 Lyon.

- **J'envoie de l'amour à mon père et ma mère, qu'ils soient heureux et dans le bonheur là où ils sont.**
- **Tous les jours à tous points de vue, je vais de mieux en mieux.**

D'autres phrases peuvent s'ajouter en fonction des conflits à régler :

- **J'adresse des pensées positives à......... qu'il soit heureux et dans le bonheur, là où il est.**

- **J'envoie de l'AMOUR, à................ qu'il soit heureux et dans le bonheur là où il va.**

- **Dans le domaine de l'esprit, seul l'AMOUR EST.**
  La haine, l'agressivité, la colère, la culpabilité, la peur, l'anxiété étant du domaine de la matière, ne sont donc qu'illusion.

- **Plus je vais m'aimer moi-même, plus je vais pouvoir aimer l'autre (mon partenaire...), les autres (amis, enfants, famille...).**

- **Plus je vais m'aimer, plus je vais être fort, plus je vais avoir confiance en moi et en la vie.**

- **Je prends conscience que tout ce que j'ai pu vivre de difficile, voire de dramatique dans ma vie était là pour me montrer le chemin de moi-même.**

- **Je prends conscience que tout ce que mes parents m'ont transmis de négatif et de positif était nécessaire à mon évolution.**

- **Que mon enfant me pardonne pour tout le négatif que j'ai pu lui transmettre. Mais je prends conscience que tout cela était nécessaire à son évolution, qu'il soit heureux, dans le bonheur et reçoive tout mon Amour.**

- **Plus je vais me bonifier, plus je vais m'aimer, mieux je vais aimer mes enfants et plus ils vont se positiver.**

- **L'intelligence infinie qui est en moi, m'inspire en toutes circonstances la solution parfaite à tous mes problèmes.**

- **Le passé est illusion, l'avenir aussi. Seul EST l'instant présent qui EST ici et maintenant car il est rattaché à l'éternité.**

- **Je suis émerveillé(e) devant les splendeurs et la beauté de l'univers.**

- **Je suis plein(e) de joie et de reconnaissance quoique je fasse.**

- **Je suis satisfait(e) et heureux(se), je me libère avec joie des liens du passé afin de m'ouvrir au changement.**

- **Je prends des décisions qui sont salutaires pour moi et pour l'univers.**

- **Je m'abandonne joyeusement à l'exploration de la vie.**

Cette méthode d'autosuggestion est simple, tellement simple...

Elle ne nécessite aucun guide, elle ne comporte aucun danger, elle ne peut être qu'un début et reste totalement complémentaire d'autres techniques telles que la relaxation, la sophrologie, la méditation, les gymnastiques énergétiques orientales, le yoga, la prière, etc.

Les règles d'or pour atteindre à la souveraineté de notre Être, pour faire vivre en nous santé, bien-Être, joie de vivre sont :

- **Hygiène de vie et prise de conscience de la quête dans la joie**

- **Découverte du non-Être, de l'ego, verbalisation du mal-Être, gestion des conflits et transformation**

- **Pardon et lâcher prise avec le passé**

- **Amour de nous-même afin d'aimer l'autre et les autres**

- **Foi en un Principe transcendant et immanent ordonnant l'univers, en ce quelque chose de plus grand que nous à l'intérieur de nous : le soi, l'Être.**

Alors, grâce au génie qui veille et à la lampe qui illumine, nous atteindrons les cristaux qui scintillent de mille couleurs et de mille éclats, et nous goûterons ce merveilleux trésor caché au plus profond de nous-même...

De la société

On sait souvent ce que l'on a, mais on ne sait presque jamais ce que l'on Est.

Savoir perdre son temps, c'est souvent du temps de gagné.

Nous vivons des périodes bizarres...

Les Êtres se croisent sans se voir, sans se parler, sans se sourire, sans se regarder et sans se reconnaître.

Attention à la tristesse, signe de détresse qui envahit notre société de plus en plus solitaire et qui pourrait la rendre malade.

Nous vivons des périodes bizarres...

Des hommes sur terre se démènent pour survivre, n'ayant rien à consommer pendant que d'autres meurent, car ils consomment trop.

Nous vivons des périodes bizarres...

Des individus dilapident les biens de ce monde pour leur profit personnel sans aucune modération, alors qu'ils ont été élus par le peuple pour sauvegarder les lois de l'État.

Nous vivons des périodes bizarres...

Pendant des siècles, les hommes, toutes civilisations confondues, ont utilisé des moyens de guérison issus de leur tradition et d'une vision globale de l'Être. Actuellement ces moyens sont ignorés ou combattus, alors qu'ils pourraient très simplement s'intégrer dans une nouvelle conception de la santé, aidés en cela par les découvertes de la science et de la physique quantique.

Nous vivons des périodes bizarres...

Le dogme pousse depuis toujours et encore actuellement des hommes à s'entretuer parce qu'ils n'ont pas les mêmes pensées, les mêmes religions. D'autres se déchirent au sein d'une même religion parce qu'ils n'ont pas les mêmes points de vue alors que dans ces religions, il est écrit : « Tu ne tueras point » et « Aime ton prochain comme toi-même ».

Nous vivons des périodes bizarres...

De nombreuses religions se dépouillent de leur substance, de leur mystère et de leur miracle pour se réduire à la sociologie et à l'histoire. Elles se matérialisent et s'intellectualisent.

Dans le même temps, des hommes et des femmes deviennent des demi-dieux qu'on couvre d'or et d'argent, qu'on adore et qu'on vénère alors qu'ils ne doivent leur notoriété qu'à des découvertes qui ont à peine plus d'un siècle et qui ne tiennent souvent qu'à un seul fil : celui des médias.

Nous vivons des périodes bizarres...

Le monde du multimedia permet aux hommes de communiquer entre eux des millions de données en quelques secondes. Mais avec les machines, l'informatique, la télématique, on ne peut pas communiquer l'essentiel.

Impossible de se regarder dans les yeux, d'y voir les cristaux qui scintillent, de se dire ou d'entendre tout simplement : *Je t'aime.*

Impossible de sentir l'amour dans son cœur.

Nous vivons des périodes bizarres...

Plus il communique, plus l'homme est seul.

Plus il s'agglutine dans les villes, plus l'homme est seul.

Plus il regarde la télévision, plus l'homme est seul.

Plus il pianote sur son ordinateur, plus l'homme est seul.

Mais très souvent il ne le sait pas.

Nous vivons des périodes bizarres...

Des pays essayent de se réunir pour former l'Europe, tandis que d'autres, en Europe, se sont déchirés dans la guerre pour tenter de se diviser.

Nous vivons des périodes bizarres...

Les couples se déchirent.

Les familles éclatent.

Les familles se font et se défont.

Les parents souffrent.

Les enfants souffrent.

Les Êtres qui composent la famille se retrouvent de plus en plus seuls.

Les hommes sont des Êtres étranges, et je ne suis pas éloigné de croire que nous sommes tous plus ou moins fous. Les mobiles les plus puissants qui nous font agir sont la haine, la jalousie... Or, ces sentiments ne sont pas autre chose que des maladies mentales, et à tout prendre, l'humanité, le monde est un vaste asile d'aliéné[1].

Mais si nous raisonnons dans le monde de la connaissance, tout cela doit avoir un sens...

Tant de souffrance nécessaire à éveiller la conscience des hommes !

Combien de temps allons-nous attendre pour nous réveiller et entendre l'appel... qui vient du plus profond de nos cœurs...

Les hommes sont-ils sourds ? N'entendent-ils pas l'appel qui leur permettra de se libérer du non-Être pour essayer d'atteindre l'Être et de s'y fondre.

Dans son extraordinaire spectacle *Le petit génie*, Michel Boujenah, à un certain moment, incarne Dieu qui s'adresse à l'enfant qui a entendu l'appel :

Alors je te le demande, mon petit, je te le demande :

Qu'est ce que j'ai fait aux bonshommes pour mériter ça ?

Qu'est ce que j'ai fait, je te le demande ?

On parle toujours du silence de Dieu, mais jamais de la surdité des hommes, jamais.

Alors, depuis la nuit des temps que j'écoute la prière des

1. Léon Cario.

hommes, j'aimerais tant que pour une fois les hommes écoutent la prière de Dieu.

La prière de Dieu aux hommes.

J'aimerais tant, j'aimerais tant, j'aimerais tant...

Ne cherchons pas à balayer tout ce que le progrès a permis de découvrir et d'inventer pour améliorer notre condition humaine. Mais utilisons-le avec conscience, car il n'est pas l'essentiel mais il peut nous y conduire.

Ne nous laissons pas piéger par l'attraction des biens matériels...

Arrêtons de trop faire, et désirons Être.

Si les Êtres retrouvent le message vrai qui est en eux, alors il ne seront plus seuls :

– en eux-mêmes car l'essentiel les accompagnera partout,

– ni avec les autres car ils se reconnaîtront dans leurs semblables.

Les notions de profit céderont le pas aux notions d'humanité. Il n'y aura plus de barrière au niveau humain entre des classes sociales faussement hiérarchisées et différenciées. Des ponts seront jetés entre patrons et employés, entre médecins et malades, entre les hommes politiques et le peuple.

À ce moment là, les mots de Liberté, Égalité et Fraternité prendront leur vraie dimension.

Un jour peut-être, les hommes seront eux-mêmes, les couples ne se déchireront plus dans la douleur et la souffrance, les familles se reformeront et partageront en elles et entre elles. Une société moins égocentrique, avec moins d'esprit de compétition apparaîtra.

On apprendra l'essentiel à l'école :

- à regarder la beauté d'un coucher de soleil sur l'océan,
- à admirer la force d'un chêne dans un champ de fleurs au pied d'une montagne enneigée,
- à comprendre la sagesse des animaux et le miracle de la nature,
- à laisser vagabonder son esprit dans les dimensions infinies de l'imaginaire,
- à percevoir dans l'autre sa propre image.

Certaines matières artistiques comme le théâtre, le dessin, la peinture, la sculpture, la poterie, la musique, le chant, etc. seront tout aussi importantes que d'autres.

Il dit non avec la tête mais il dit oui avec le cœur,
Il dit oui à ce qu'il aime, il dit non au professeur,
Il est debout, on le questionne,
Et tous les problèmes sont posés,
Soudain le fou rire le prend et il efface tout,
Les chiffres et les mots, les dates et les noms, les phrases et les pièges,
Et malgré les menaces du maître,
Sous les huées des enfants prodiges,
Avec des craies de toutes les couleurs,
Sur le tableau noir du malheur,
Il dessine le visage du bonheur[1].

On réapprendra à rire, à se réunir, comme dans d'autres temps et d'autres lieux, à la veillée auprès du feu pour échanger ou pour entendre des contes et de belles histoires.

Alors au travail, chacun sur soi, car c'est de la base que viendra la contagion qui fera régner la Joie et l'Amour entre les Êtres.

1. Jacques Prévert, *Paroles,* Gallimard, 1997.

De la justice et du pardon

La justice humaine se doit d'être le reflet de la Justice divine. La loi morale se doit d'être le reflet de la Loi Divine.

« La morale naturelle n'est ni contrainte, ni asservissement, ni esclavage. Elle est le reflet de l'Amour avec un grand A, conséquence de l'éveil et synonyme de liberté. »

Cette justice divine ne peut utiliser que l'Amour puisque seul l'Amour est dans le monde du soi.

Je prends conscience que je suis constitué d'énergie, de vibrations et que tout dans cette manifestation universelle provient de cette même essence, de cette même présence qui unit tout Être et toute chose. Ce qui me pousse à dire que lorsque je regarde dans l'autre, je me vois, qu'il est moi, que je suis lui et que nous nous approchons de la fusion.

Naturellement la justice humaine doit réprimer, sanctionner, emprisonner, incarcérer, condamner, mais elle se doit de mettre de l'esprit dans la lettre, de l'humanité dans le système (ce qui se fait de plus en plus).

Si nous avons fauté, si nous avons agressé, commis des crimes, volé, si nous avons tué... c'est sûrement que nous sommes en souffrance profonde, souffrance qui peut s'exprimer par la haine, l'agression, la méchanceté, le racisme, la non-tolérance, la jalousie, la perfidie, la cupidité, la violence.

Alors il faut condamner, mais peut-être permettre à ces gens d'évoluer, même en prison, en se mettant à leur écoute.

Mais comment pardonner à ce truand qui a tiré et tué un policier ?

Ou à ce policier qui a tiré et tué ce malfaiteur ?

Comment pardonner à ce pervers qui a violé et tué mon enfant ?

Comment pardonner aux terroristes qui tuent ou égorgent gratuitement souvent au nom de leur religion et de leur Dieu ?

Comment pardonner à ce tyran harangueur de foule, à l'origine d'un génocide de milliers, voire de millions d'Êtres humains ?

Bien sûr nous n'avons qu'une envie : exterminer les coupables pour venger les victimes.

Mais à quoi bon ?

La victime ne reviendra pas ici et maintenant. Si la haine répond à la haine, où s'arrêtera la haine ? Dans la dimension spirituelle, cette autre dimension de l'Être, tout pardonner c'est tout comprendre, c'est pourquoi la seule solution de salut pour nous-même et pour l'humanité, c'est *Le Pardon.*

Je trouve bons les gens qui sont bons et même les gens mauvais, si je suis suffisamment bon moi-même[1].

En ne répondant plus à l'agression par l'agression, on va se libérer progressivement de la haine qui hante nos vies, le monde et l'humanité. De cette haine parfois nécessaire à l'avènement de l'Amour, de la Paix, de la Joie dans l'univers.

Pardonner est nécessaire – cela ne veut pas dire oublier les drames, ne pas les mémoriser, ne pas en parler, ne pas les montrer... mais si nous ne pardonnons pas, l'humanité restera malade dans sa gangue de négatif.

Pardonner est parfois très difficile. Alors essayons.

A vous qui m'écoutez, je dis : Aimez vos ennemis, faites du bien à ceux qui vous haïssent. Souhaitez du bien à ceux qui vous maudissent, priez pour ceux qui vous calomnient[2].

1. Lao Tseu.
2. Luc **6** 27-28.

Du deuil et de la mort

Bien vivre pour bien mourir, afin de bien renaître.

Ceci s'adresse aux Êtres que j'ai de plus chers sur cette terre :

Quand je ne serai plus là, gardez-vous de croire que je vous ai quittés ; je serai toujours avec vous dans la même demeure ; nous habitons ici-bas les pièces les moins claires de la maison, je passerai, moi, le premier sur le devant où il y a plus de lumière et où plus doux sont les rayons ; mais sous ce soleil où je serai, tous vous me rejoindrez un jour[1].

Quoi de plus dur que le deuil d'un Être cher : un père, une mère, un époux, une épouse, un grand-père, une grand-mère, un fils, une fille, un frère, une sœur, un ami, une amie... Qui n'a pas vécu cela dans sa vie ?

On parle surtout de délivrance lorsqu'il s'agit d'un Être qui a souffert, mais lorsqu'il s'agit d'une mort subite, accidentelle, le drame déclenche en nous beaucoup de souffrance, de détresse profonde et encore plus lorsqu'il s'agit d'un enfant, d'un fils ou d'une fille unique parfois... quel drame !

Dans cette souffrance intense, soit nous sommes très croyants et c'est plus facile, quelle que soit la religion, soit nous ne sommes pas croyants et c'est insoutenable. Devant cette souffrance, la conscience peut s'éveiller : *Et si l'Être cher qui vient de partir est heureux ! et s'il était passé par cette merveilleuse citadelle de cristal ou cette lumière blanche pleine de bonté,*

1. Léon Cario, juillet 1946.

de beauté, d'amour menant à l'omnipotence, l'omniscience, l'omniprésence ? Cette lumière blanche et cet état de béatitude sont très souvent décrits par des personnes lors d'expériences proches de la mort, d'anesthésies, de comas, d'accidents. Leur vie sera changée à jamais dans le sens d'une grande sérénité, sans plus aucune peur de la mort. Rappelons-nous les découvertes, aux États-Unis, il y a plus de vingt ans, des Docteurs R. Moody, E. Kubler-Ross, K. Ring, S. Groff, etc., travaux repris par de nombreux autres médecins.

Ils ont rassemblé des centaines de témoignages de personnes ayant vécu ces expériences. Le point commun entre elles peut se résumer ainsi :

Un homme est en train de mourir en pleine détresse physique.

Il entend le diagnostic redoutable des secouristes ou du médecin.

Il perçoit un bruit désagréable.

Il traverse à grande vitesse un tunnel obscur au bout duquel brille une lumière surnaturelle.

Puis, tout à coup, il se retrouve en dehors de son corps physique. Il se voit comme spectateur.

Il peut observer les détails et anecdotes possibles de la réanimation.

Il s'accoutume à cette étrange condition.

Il possède un corps de nature particulière, comme magnétique.

Il aperçoit des Êtres qui viennent à sa rencontre.

Il reconnaît les esprits de certains Êtres disparus qui lui sont chers (parents, amis...)

Dans cet espace particulier, le temps ne s'écoule plus comme avant.

Un Être de lumière plein de tendresse, d'amour et de chaleur vient à lui.

Cet Être lumineux lui fait faire le bilan de sa vie passée.

Tout ce qu'il échange avec cet Être concerne l'Amour.

Il fait alors la connaissance avec l'ULTIME LIMITE entre la vie matérielle et la vie qui continue.

Il a la totale compréhension de tout.

L'aventure pour lui dans l'au-delà, s'arrête là.

Il se rend compte que le moment n'est pas venu pour lui de « mourir ».

Bien qu'il ressente une intense sensation de Paix, de Joie et d'Amour,

il revient à la vie terrestre dans son corps physique.

Les mots, les paroles ne suffisent pas à évoquer le ressenti dans ce voyage entre la vie et l'après-vie.

Mais pour lui, rien ne sera jamais plus comme avant...

L'au-delà existe-t-il ? Après ce que nous appelons « la mort », avons-nous d'autres états d'Être avant d'accéder à l'absolu ?

Oui, si l'on se réfère à la tradition, à la religion ; et oui aussi, si on essaie d'approcher les dernières découvertes de la science et de la physique quantique. À ce propos, il est très intéressant de lire les ouvrages de Patrice Van Eersel, écrits sur ce sujet. Par son travail de synthèse, il nous éveille à cette certitude d'une vie après la vie.

Si l'on changeait notre façon de penser ? Bien des traditions nous montrent des cérémonies de deuil où la tristesse de la séparation fait place à la joie.

Car la détresse que nous ressentons en nous a quelque chose d'égoïste ! « Il va me manquer, il va manquer à ses enfants, à ses parents », etc. L'Être qui s'en va, va laisser un grand vide, des dates, des anniversaires, des souvenirs, des vêtements, des lieux, tant de choses qui font naître en nous des larmes, même la période de deuil passée. Quelle atrocité pour des parents que la mort de leur enfant (qu'elle soit accidentelle ou non), c'est intolérable.

Le Petit Prince, pour rejoindre son astéroïde tout là-haut dans le ciel, a besoin du serpent pour le piquer et mourir afin de laisser son corps trop lourd et d'accéder à un état d'énergie autre où les mots lumière, légèreté, rire, beauté, bonté, sérénité, amour, union sacrée dansent une grande farandole... Au moment de notre mort, si nous étions comme lui, ce serait plus facile... nous serions plus paisibles face à notre propre mort et à celle des autres.

Si nous avions une foi inébranlable et la certitude de la pérennité de l'Être dans un ailleurs de temps et d'espace, la sérénité s'imposerait à nous et à ce moment-là, nous ne pourrions qu'être heureux pour celui qui part.

Encore une image qui peut nous aider dans ces situations dramatiques qui arrivent tous les jours à des milliers de gens.

On imagine *l'Être cher* qui *est parti* comme un ballon gonflé à l'hélium, le ballon aspire à monter au ciel sur son astéroïde. On a la ficelle du ballon dans la main, le ballon est proche de nous, on a envie de le garder là, tout près, pas loin.

Le deuil consiste à ouvrir la main pour permettre au ballon de monter au ciel et d'aller là où il doit aller... afin de lâcher prise avec tout ce drame. Et pour ouvrir la main il faut beaucoup d'amour, de joie, de beauté, de souvenirs, de bons moments passés...

Dans notre esprit, la phrase qui correspond à cet accomplissement du deuil est :

Je t'adresse tout mon amour, sois heureux et dans le bonheur, là où tu vas.

Lorsque je pense à toi, même si j'ai quelques larmes, ce sont des larmes qui deviennent des larmes de joie, de beauté et d'amour. Et comme Saint-Exupéry vous rirez en regardant le ciel.

Tu regarderas, la nuit, les étoiles. C'est trop petit chez moi pour que je te montre où se trouve la mienne. C'est mieux comme ça. Mon étoile ça sera pour toi une des étoiles. Alors, toutes les étoiles, tu aimeras les regarder...

Quand tu regarderas le ciel, la nuit, puisque j'habiterai dans l'une d'elles, alors ce sera pour toi comme si riaient toutes les étoiles. Tu auras, toi, des étoiles qui savent rire !... Et tes amis seront bien étonnés de te voir rire en regardant le ciel[1]*...*

Si l'on raisonne avec une vision globale de l'Être humain, il ne s'agit plus d'une fin, mais d'un passage dans une autre dimension, un autre espace-temps, l'au-delà ou l'en-deçà, que notre esprit humain peut difficilement imaginer.

---

1. Antoine de Saint-Exupéry, *Le Petit Prince*, Gallimard, 1988.

Il nous faut dans nos civilisations occidentales dédramatiser la mort. Elle fait partie de la vie ; elle est son aboutissement. Il nous faut en parler, y penser sans trop de peur et avec le plus possible de sérénité. Que d'enseignements enrichissants donnés par des Êtres proches de la mort, s'ils ont suivi un chemin spirituel. Quelle tranquillité pour le départ !

Quel courage pour affronter ce passage ! Aurons-nous le même courage lorsqu'un jour nous sentirons notre mort très proche ?

Que penser des lamas qui méditent tous les jours sur leur propre mort ? Le jour où cela leur arrivera, ce ne sera peut-être pour eux qu'un événement normal ; ils pourront l'aborder avec conscience et parfois même avec une certaine curiosité..

Y aurait-il un art de mourir ?

Une expression du langage populaire dit : *On n'emmène rien lorsque l'on meurt.*

Cela signifie que toutes les richesses matérielles sont vaines au moment du passage.

On emmène pourtant quelque chose et ce quelque chose, c'est tout l'Amour qu'on a réussi à dégager des profondeurs de nos cœurs.

Plus on le découvre, plus on l'exprime, plus on l'emmène avec notre Être.

Là est notre véritable richesse, là est l'enjeu de la vie... Là est l'art de mourir.

Voyons comment cet amour se manifeste dans notre relation à l'autre et dans cette relation, comment évoluer vers nous-même.

Du couple et de l'amour

L'amour [...] *c'est pour l'individu une occasion sublime de mûrir, de devenir un être en soi, de devenir un monde, de devenir monde pour soi et pour l'amour d'un autre, c'est pour lui une haute et fière exigence, quelque chose qui fait de lui un élu et l'appelle vers de grands horizons*[1].

Le couple est le creuset où vont se purifier nos expériences.

Lorsque deux Êtres complémentaires et opposés vivent en parfaite harmonie, chacun dans son intériorité a fait son alchimie – la réunification entre son archétype masculin et féminin.

L'accomplissement dans la fusion intérieure des complémentaires s'exprime extérieurement dans la communion physique et spirituelle de l'homme et de la femme dans l'unité du couple.

Mais que de travail sur soi-même, d'épreuves, de prises de conscience, d'évolution, pour espérer parvenir un jour à cet état...

Car notre esprit avec tous ces manques apparents d'Amour, conscients ou non, ne va pas nous guider directement vers cet aboutissement ultime.

Tant de couples se déchirent dans la haine, se déclarent une guerre sans merci.

Cet homme et cette femme se détruisent.

---

1. Rainer Maria Rilke, *Lettres à un jeune poète*, Mille et une Nuit, 1997.

Tant de conflits se déclenchent au sein même d'une famille.

Après ces constatations comment peut-on se poser encore la question suivante : « Pourquoi encore des guerres dans le monde à l'aube du troisième millénaire ? »

Si la haine de l'autre est grandissante sur notre terre, dans nos civilisations, elle est sûrement nécessaire aux prises de conscience.

Mais un temps viendra où les énergies positives prendront le dessus sur les énergies négatives de la haine et de nombreux cours d'eau remplis d'amour formeront un grand fleuve que rien ne pourra arrêter.

Au travail, chacun sur soi, pour permettre à l'autre de découvrir son opposé puis de s'accomplir en prenant totalement possession de son Être.

Il est impossible de mesurer ce qu'un mari doit à sa femme ou ce qu'une femme doit à son mari. C'est une dette infinie qui ne peut-être remboursée que dans l'éternité[1].

On peut décrire en raisonnant logiquement, trois degrés dans le couple :

– Fusion amoureuse émotionnelle temporaire (Éros)
Deux Êtres qui *tombent amoureux* l'un de l'autre.

Ils cherchent, sans le savoir, à combler leurs manques en prenant l'amour sur l'autre car ils en sont avides. Le manque appelle la plénitude, comme la soif appelle la source, car la nature a horreur du vide.

Nous allons aimer notre mari, notre femme, notre partenaire car nous allons avoir besoin de lui ou d'elle pour exister[2], pour nous rassurer.

Cet amour-là, (*avec un petit a*) est égoïste, car il n'est pas l'Amour qu'on donne sans condition.

1. Goethe, *Maximes et Réflexions*, Gallimard, 1943.
2. Exister = Être à l'extérieur.

L'état amoureux n'a rien à voir avec l'amour, c'est une illusion qui tente de combler un manque inhérent à la condition humaine, mais où l'autre n'est qu'un objet utilitaire[1].

Ou du moins l'état amoureux correspond à un degré d'amour comme nous le verrons plus loin, il n'est pas l'Amour mais il est nécessaire pour y parvenir.

Cet état d'âme proche de l'angoisse, de la peur de ne pas être aimé de l'autre perturbe jusqu'à la verbalisation des sentiments ou/et le passage à l'acte.

Tomber amoureux signifie aussi s'abaisser.

On retrouve tout l'instinct animal dans le rituel amoureux, dans une passion où l'on suit un désir et on l'assouvit ; dans cette pulsion, *on fait l'amour, on a un rapport sexuel.* Dans ces deux expressions, il n'y a pas de spiritualité.

Le paon fait la roue pour séduire la femelle ; l'attirance mutuelle est basée sur l'esthétique, le paraître, sur telle ou telle caractéristique de l'autre, alors qu'on le connaît peu, et tout se déclenche...

Un mécanisme inconscient nous attire pour combler notre négatif avec le positif de l'autre.

Ce qu'on n'a pas, ce qu'on n'est pas, ce dont on manque, voilà les objets du désir et de l'amour[2].

Tout est merveilleux au début.

« Je suis amoureux, je suis heureux, je vis une passion extraordinaire, j'ai eu le coup de foudre. »

On vit l'un pour l'autre, l'un avec l'autre.

D'aucuns pourraient décrire un état amoureux entre deux Êtres pour toute une vie, ce serait sûrement une exception qui confirme la règle car en général, cela ne dure qu'un temps plus ou moins long.

D'ailleurs cet état que l'on peut rapprocher de la passion[3] contient la souffrance en potentialité.

---

1. Paul Montangerand, *La voix du cœur, chemin du thérapeute*, Lyon, 1995.
2. Socrate.
3. Passion vient du grec *pati* = souffrir.

L'amour est aveugle !

Après cette phase, qualifiée d'euphorique, on redescend sur terre, on s'aperçoit des différences et soit on se sépare, soit on pousse la relation plus loin, plus durablement. On peut se marier et avoir des enfants.

– L'affrontement – La différenciation – L'amour amitié (philia)

L'habitude, la promiscuité, la routine se mettent en place, on croit avoir ce qui nous manque. Des luttes subtiles pour la possession, l'attachement, la domination entrent en scène, comme si l'autre n'était qu'un objet dont on est jaloux.

On peut rester toute une vie dans cette situation. Les défauts de l'autre, invisibles dans un premier temps, peuvent apparaître au grand jour, et la relation devient vite insupportable.

Cet affrontement des opposés est nécessaire à l'évolution de l'entité couple, un passage quasiment obligatoire quand vient la vie de tous les jours.

On a tendance à culpabiliser l'autre et on ne se comprend plus.

Et il existe tant de manières de mal communiquer avec l'autre.

Que de difficultés !

Si on est incapable d'accepter l'autre tel qu'il est et de découvrir l'amitié profonde qui nous unit à lui, alors survient le conflit avec son cortège habituel de haine, d'agressivité, de culpabilité, de peur, d'angoisse, de jalousie, et il va falloir décider...

Il y a deux façons d'être heureux,
vraiment partir
ou vraiment rester
avec l'autre.
Mais il y aussi deux façons d'être malheureux,
faussement partir : en regrettant,
ou faussement rester : en endurant.
Choisis[1] !

1. Bernard Montaud, *César l'éclaireur*, Dervy, 1990.

Le désir de changer peut s'imposer lorsque l'enrichissement mutuel et le partage deviennent impossibles, que les conflits sont trop lourds pour l'évolution. Cependant, nos défauts ne disparaîtront pas du jour au lendemain avec quelqu'un d'autre.

Cette évolution se fera donc avec la même personne (conjoint, partenaire) ou avec une autre, en prenant conscience que l'autre n'est que le reflet de soi-même.

La route est toujours parsemée d'embûches et il faut non seulement consolider l'entité couple comme un temple qui repose sur ses piliers intérieurs, mais aussi renforcer l'édifice par des piliers extérieurs.

Chacun de son côté, les antagonistes en quête d'union sacrée devront affirmer leur propre personnalité et travailler à l'union de leurs opposés à l'intérieur d'eux-mêmes.

À côté de la vie de couple peut se mettre en place une différenciation permettant une vie individuelle où l'Être va pouvoir s'exprimer et évoluer par lui-même et pour lui-même.

Une amitié profonde va unir les deux Êtres en quête d'eux-mêmes, ils vont s'aider, si cela est possible, dans la joie et dans le plaisir de rendre l'autre heureux. Ils vont se réjouir de l'existence de l'autre. Ils vont s'enseigner l'un, l'autre.

Dans ce second degré de l'amour, les mots respect, confiance et engagement doivent prendre toute leur signification profonde. Sinon, se pose le délicat problème de la fidélité.

Ayons toujours en nous l'idée du but : « Aimer et Être. »

Et si la fidélité suprême était la conséquence du couple harmonieux ?

Mais en attendant d'accéder à cet état, différentes réflexions s'opposent ou se complètent :

• La fidélité est une institution judéo-chrétienne, il faut la respecter.

Je me suis marié pour le meilleur et pour le pire, j'ai pris un engagement, j'ai prêté serment devant Dieu, d'être fidèle, un point c'est tout.

Mais il est dit dans l'Écriture que la pensée, le *fantasme* était plus grave que l'acte lui même.

Vous avez entendu qu'il a été dit : tu ne commettras pas

l'adultère. Et bien ! Moi je vous dis : Quiconque regarde une femme pour la désirer a déjà commis, dans son cœur, l'adultère avec elle[1].

• Il existe de par le monde, différentes traditions où la polygamie s'impose, polygynie ou polyandrie.

Dans la polygynie, un homme assume plusieurs foyers et plusieurs femmes. Il a le pouvoir et les ressources pour assurer deux foyers voire trois. Il n'y a pas d'abandon de foyer contrairement à nos divorces et les partenaires et les enfants connaissent moins la détresse.

Dans la polyandrie, la femme qui ne peut Être assumée par un seul homme a la nécessité d'en trouver un deuxième, voire un troisième, pour subvenir à ses besoins et à ceux de ses enfants.

On se rend compte que ces deux exemples se rapprochent du monde animal avec ses notions de territoire, comme le cerf et ses biches par exemple.

• D'autres affirment qu'en certaines circonstances, ils ont envie de partager des moments privilégies avec l'autre (sexualité, tendresse, communication, échanges) et que s'ils se les refusent, se les interdisent, ils seront frustrés.

Ils ont besoin de chercher en dehors du couple ce qu'ils n'y trouvent plus.

• D'autres sont partisans de l'amour libre : c'est un peu passé de mode. Peu importe le partenaire pourvu qu'il y ait plaisir, plaisir physique mais non spirituel.

Aimer est le grand point, qu'importe la maîtresse, qu'importe le flacon pourvu qu'on ait l'ivresse[2].

• Si deux Êtres se complètent, apprennent l'un de l'autre et sont sur une même voie d'évolution, ils ne déclencheront pas dans leur vie de tous les jours des événements, ni même des situations devant déboucher sur des aventures extra-conjugales.

1. Matthieu **5** 27-28.
2. Alfred de Musset, *La Coupe et les Lèvres*, Pocket, 1993.

Chacun sera un instructeur, un enseignant, une aide précieuse pour l'évolution de l'autre.

Par contre s'il y a une grande différence entre ces deux Êtres, des événements se cristalliseront dans leur vie qui les pousseront soit à se séparer, soit à évoluer.

Aimer, c'est toujours faire naître l'autre à lui-même[1].

• *Tu ne commettras point d'adultère.*

Il est sûr que nous véhiculons en nous ce vieux tabou judéo-chrétien qui nous vient de Moïse et des Tables de la Loi que nous avons appliquées à la lettre.

Il y a peut-être plus d'esprit à trouver dans ce commandement si on le transpose sur soi-même, avant de le transposer sur l'autre. Il devient alors :

- ne pas se tromper soi-même. Être fidèle à soi-même et à son mariage intérieur, entre son masculin et son féminin s'unissant dans le couple intérieur.
- ne pas se laisser éblouir par le non-Être (les idoles).
- promouvoir la recherche de son Être.

Le péché et l'adultère nous font manquer notre cible, notre but et prendre notre ego, notre non-Être, pour notre Être.

Lorsque l'on devient fidèle à soi-même, lorsqu'on cherche à unifier notre dualité homme-femme alors, Être fidèle dans le couple devient la conséquence de notre fidélité intérieure. La spiritualité informe la morale naturelle du chemin à suivre.

Les problèmes d'adultère sont dans nos sociétés des problèmes très difficilement vécus par les Êtres *trompés, trahis.*

- soit on est capable de pardonner et la relation continue.
- soit c'est impossible car *quelque chose est cassé* et on se sépare.
- soit on reste pour les enfants, pour le matériel.
- soit les deux Êtres participant au couple prennent conscience ensemble de la voie spirituelle, lâchent prise avec les conflits et continuent avec ou sans l'autre, mais sereinement.

Dans cette voie spirituelle, l'Amour n'est soumis ni au temps ni à l'espace, et la séparation, si elle a lieu, n'en est pas une

1. Paul de Montangerand op. cit.

car les deux Êtres qui se sont unis l'un à l'autre ont été liés à tout jamais par l'intermédiaire du divin présent en eux.

Avec cette vision du couple, on peut dire que l'état amoureux attire deux Êtres dans la fusion émotionnelle et aboutit bien souvent au mariage. Le but de cet état amoureux doit amener les deux Êtres à évoluer, à se libérer, à aimer l'autre pour l'autre, dans une fusion authentique, qui est peut-être le véritable mariage.

Il ne faut pas se leurrer : se séparer ne résout pas tous les problèmes.

Si on ne change pas nos vibrations internes, si on reste dans cette situation, on va continuer à attirer ce qui nous manque ; par contre, plus on va Être positif, plus on va attirer du positif.

Ce qui veut dire qu'il est nécessaire de prendre le temps, dans le couple, ou entre deux vies de couple, de se remettre en question afin

- de se libérer des chaînes du passé transmises par nos aïeux,
- de nous aimer nous-même afin d'aimer l'autre sans nécessité de retour,
- avec toujours présent à l'esprit cette foi *en quelque chose de plus grand que Nous en Nous.*

État n° 3
Fusion Amoureuse (*agapè*)

Quand tu prends plaisir à aimer ton voisin, ton amour cesse d'Être une vertu[1].

Cette phrase difficile à comprendre pour l'Être humain nous propulse vers cette haute pensée, cette haute vertu de l'Amour, de l'*Agapè* des Grecs, de la Charité des Chrétiens.

On est Amour, on n'est plus dans le savoir-faire mais dans le savoir-Être.

Dans le couple, les deux Êtres en quête d'union pourront être

1. Khalil Gibran, L*e sable et l'écume : livre d'aphorismes*, Albin Michel, 1995.

inspirés par une même passion, un même but pour une même œuvre qui sera le moteur de leur unification permettant la révélation du Principe dans leur dualité.

Cette union, à l'intérieur du couple transforme tout le passionnel de la relation affective en amour authentique, à travers une sexualité authentique où prime le rapprochement des cœurs par le don à l'autre, de l'Être dans sa plénitude...

L'homme peut s'élever, s'il le désire vraiment, au-dessus des amours des viles passions qui l'asservissent, afin d'atteindre l'Amour de la Passion ou la Passion de l'Amour qui le libère.

Dans cette communion totale des Êtres, la dimension sublime du soi peut apparaître.

Dans cette relation, on se rapproche intensément de l'expérience des religieux qui vivent le célibat afin de se donner par amour à Dieu et communier avec lui.

On peut décrire à ce niveau de compréhension des qualités d'amour très proches : l'Amour-*Agapè* des philosophes grecs, l'Amour-charité et, à un degré moindre, l'Amour-compassion et l'Amour-pitié.

La Charité c'est le don. Étymologiquement, charité vient du latin *caritas.* Ce mot signifie Amour de Dieu pour lui-même, Amour du prochain, Amour altruiste.

Amour et Charité sont donc très proches pour ne pas dire synonymes.

La Charité est un don à l'autre, sans nécessité de retour. Elle constitue avec la Foi et l'Espérance, les trois vertus théologales et elle est la plus importante.

On est loin du sens populaire de ce mot qui évoque davantage l'aumône.

J'aime totalement l'autre, pour lui, quelle que soit sa conduite, même si l'autre part, s'en va, et surtout si l'autre est heureux sans moi (notion très difficile à comprendre à notre niveau d'évolution).

Il ne faut surtout pas confondre charité et pitié.

L'Amour-pitié est un amour qui se rapproche de la compassion.

Étymologiquement ces deux mots ramènent à la souffrance. Pitié, du latin *pietas* est le sentiment qui nous rend sensible aux souffrances d'autrui. Et compassion, de *compati*, signifie « souffrir (pati) avec ».

Si cette pitié devient de l'hypocrisie, elle cesse d'Être de l'amour.

Je vais faire croire à l'autre que je l'aime car sinon il aura trop de peine...

Il ne va pas le supporter... Je ne veux pas qu'il souffre... Je préfère lui mentir...

Je vais me culpabiliser... Je ne vais plus Être en accord avec moi-même...

Ces phrases et ces mots montrent que je suis dans la division, que je ne l'aime pas, que je ne m'aime pas.

L'amour ne passe plus d'un Être à l'autre, il n'y a plus d'union, ni de réunion, ni de communion.

Alors à quoi bon !

Ce que l'on fait par contrainte, on ne le fait pas par amour[1].

L'Amour-charité est l'amour que le Petit Prince enseigne à Saint-Exupéry, lorsqu'il décide de retourner sur son astéroïde, c'est l'amour qui vient du cœur. Saint-Exupéry qui est resté un temps dans l'état amoureux vécu par le renard et le Petit Prince, a du mal à comprendre le message de ce dernier qui est venu sur terre pour assimiler l'Amour authentique, cet Amour où l'on n'a plus besoin de l'autre pour exister car on *Est.* Si on accède à cette dimension de l'Amour, les séparations, les divisions entre les individus disparaissent.

Être charitable avec soi-même, c'est s'aimer soi-même pour pouvoir Être charitable avec l'autre et aimer l'autre. On comprend mieux alors le proverbe suivant : *Charité bien ordonnée commence par soi-même.*

D'ailleurs à ce sujet, la citation d'Alfred de Musset peut aussi s'interpréter à un autre niveau. Elle n'encourage peut-être pas

---

1. Kant, *Fondements de la métaphysique des mœurs*, LGF, 1993.

à l'infidélité et à l'adultère aveugle comme on pourrait le penser en la lisant car elle commence par : *Aimer est le grand point* qui se rapproche du *Aime et fais ce que voudras* de saint Augustin.

Si on aime l'autre, cela veut dire que, dans un premier temps, on l'a apprivoisé comme le Petit Prince avait apprivoisé sa rose bien qu'elle fût semblable à des milliers d'autres puis, dans un second temps, on est capable de donner l'Amour à l'autre de manière inconditionnelle.

Qu'importe la maîtresse, qu'importe le flacon, pourvu qu'on ait l'ivresse.

Peu importe la femme, peu importe l'homme, pourvu qu'on ait l'ivresse.

Oui ! mais uniquement si on Aime.

L'ivresse nous renvoie à l'esprit et ce qui conduit à l'esprit ce n'est pas le flacon, comparable à des milliers de flacons, mais l'Amour qui est dedans. L'ivresse de l'Amour annihile le temps et l'espace et nous fusionne avec l'unité de l'Être ; tout en gardant notre personnalité, nous sommes dans la fusion de l'Amour, dans la passion de l'union, dans l'extase spirituelle, là où même la mort n'existe plus.

C'est en nous référant à cette notion que l'on comprend certaines traditions où l'on dit que l'extase sexuelle est une *petite mort* car il s'agit d'un instant d'intense union.

La jouissance préside à cet inspir universel en ses divers degrés de participation à l'ultime jouissance que connaît l'homme entrant dans la déification : elle seule demeure après l'épuisement des corps dont la mort ponctue le dernier spasme[1].

On retrouve toutes ces notions dans le tantrisme des Orientaux, véritable voie initiatique enseignée de maître à disciple ; elle est souvent très mal interprétée par les Occidentaux car ramenée à la sexualité. Cette voie initiatique amène le profane à une dimension authentique de l'Être qui se fond dans le soi et lui ouvre les portes du divin. Elle met en scène l'union sacrée et rituelle du dieu Shiva et de la déesse Shakti (dans le tantrisme hindouiste).

On peut décrire trois degrés, trois qualités d'amour permettant à l'Être d'évoluer en lui-même, avec l'autre, avec les autres.

---

1. Paul Montangerand op. cit.

Ces qualités d'amour ne sont pas à vivre les unes avant les autres ou les autres avant les unes, elles peuvent se vivre en même temps et même, puisque l'amour échappe au temps et à la matière, elles se vivent dans l'ailleurs intemporel de l'Être.

Pour nous résumer

• État amoureux, état passionnel, état fusionnel émotionnel transitoire, nombre un : le Principe, *Éros*. Il exprime le manque à combler car il ne connaît pas encore la dualité.

Je suis avide de toi..., tu me manques..., j'ai envie de toi..., j'ai besoin de toi..., j'existe grâce à toi..., je vis au travers de toi..., sans toi je ne suis rien..., je suis tellement attaché à toi...

Je t'aime pour moi.

S'il n'y a pas réciprocité, la souffrance s'installe.

• État de différenciation, couple duel, amitié, nombre deux : dualité, *Philia*

Pendant ou après l'état amoureux, il faut commencer à prendre conscience que ce qui est primordial, c'est de s'aimer soi-même afin de mieux aimer l'autre sans en être dépendant.

Plus je vais m'aimer, moins je vais me faire plaisir en aimant l'autre, moins je vais avoir besoin de combler mes manques, moins je vais être attaché à l'autre, moins je vais en être dépendant.

Je me réjouis de l'existence de l'autre et de tout ce qui peut exprimer sa liberté.

Je t'aime pour toi et pour moi.

• État de fusion amoureuse authentique, Amour-charité, nombre trois : révélation du Principe dans la dualité, *Agapè.*

Tout en se rappelant que l'homme peut difficilement atteindre ce niveau d'amour mais il est le but et l'enjeu de la vie.

J'ai pris possession de tout mon Être, je m'aime profondément, je n'ai plus de manque à combler, je suis capable d'aimer mes ennemis, de rayonner cet Amour dans le monde, je donne mon Amour sans nécessité de retour.

J'ai trouvé la richesse de l'Amour en moi

Je t'aime pour toi.

Il est intéressant de constater que le schéma involution-évolution s'applique aussi au niveau du couple.

Le couple

Principe
Nombre « **1** »
« Je t'aime pour moi »
Fusion amoureuse
émotionnelle

Agapè – Charité
Nombre « **3** »
« Je t'aime pour toi »
Fusion Amoureuse
Authentique

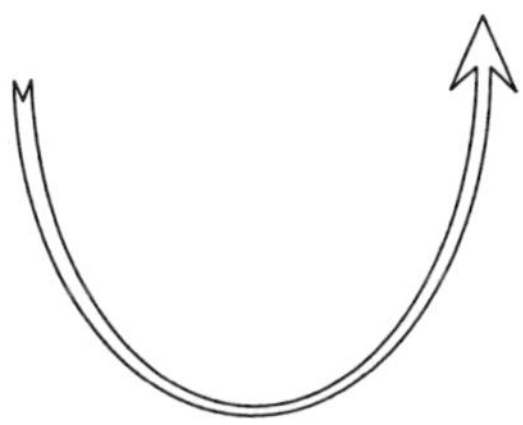

⇩ *Involution*

Évolution ⇧

Philia = Amitié
Nombre « **2** »
« Je t'aime pour moi »
« Je t'aime pour toi »

Cet aboutissement ultime, cette fusion dans l'union des opposés serait le reflet des réalisations intérieures de chacun des deux Êtres vivant ensemble.

Avons-nous une âme sœur dans l'univers ?

Cette quête permettrait une reconnaissance réciproque, une communion des corps et des esprits : une alliance de deux Êtres en quête d'unité.

L'anneau qu'on se passe mutuellement à l'annulaire de la main gauche prendrait alors une dimension plus grande pour le couple. Là est sans doute la véritable alliance.

Dans cette mutuelle formation intérieure des époux et dans cette application assidue à travailler à leur perfection réciproque, on peut voir en toute vérité la Cause et la Raison première du mariage[1].

1. Pie IX.

L'aboutissement de cet Amour infini (quasiment impossible à atteindre ici et maintenant), est un Amour total et réciproque.

Un Amour de don à l'autre sans nécessité de retour. Dans ce cas, le don et le retour se font dans l'instantanéité, la simultanéité.

Cet Amour liant deux Êtres, dans une fusion authentique, permet une transmission parfaite au petit d'Homme afin qu'il soit celui qui Est.

De la religion

Pour toi, quand tu pries, retire-toi dans ta chambre, ferme sur toi la porte, et prie ton Père qui est là, dans le secret ; et ton Père, qui voit dans le secret, te le rendra[1].

La prière est un cadeau que tu fais à la nature du fond de ton cœur jusqu'au fond de l'univers. Et sans que tu t'en aperçoives il te reviendra du fond de l'univers jusqu'au fond de ton cœur.

Avant de parler de Dieu, découvrons l'Être qui sommeille en nous. Il nous indiquera le chemin.

L'authenticité d'une attitude religieuse commence par le respect de l'autre.

L'Occident a de plus en plus de difficultés à éveiller l'émotion spirituelle, c'est sûrement pour cette raison que le bouddhisme a un succès croissant dans notre société. Les enseignements orientaux, peut-être plus facilement accessibles à l'intellect que nos enseignements bibliques vont ouvrir et éveiller l'Occident à la recherche intérieure.

La religion quelle qu'elle soit, ne consiste pas seulement à admirer un lieu où des pierres ont été assemblées, mais à trouver à l'intérieur de l'Être, la pierre qui scintille de mille éclats et de mille couleurs.

---

1. Mathieu **6**-6.

La religion est souvent le cadre nécessaire à l'évolution individuelle et collective mais elle n'est pas l'évolution.

La religion a été créée par l'homme et pour l'homme, au travers de textes (inspirés ou révélés), mais l'homme n'a pas été créé par la religion ni pour la religion. L'essentiel est en deçà du cadre, toujours dans l'invisible, dans le respect de l'autre et la découverte de l'authentique attitude fusionnelle de l'Être.

Est religieux celui qui se lève et se met en marche vers l'appel, celui qui a découvert l'idée du but à atteindre, celui qui tente de se relier[1].

On retrouve donc cette notion d'involution et d'évolution qui nous a suivis tout au long de ce livre. Notion que l'on retrouve dans le classique :

« Dieu s'est fait homme pour que l'homme devienne Dieu. »

La religion s'appuie sur des textes révélés par Dieu aux hommes. Par Dieu, il faut entendre « une autre dimension de l'Être ». Par homme, il faut entendre « des hommes inspirés, éclairés, réceptifs ». Ils ont transmis ce qui leur a été révélé. Ils ont été les *Passeurs* du « Message ». Cette transmission s'est faite de façon orale pendant de nombreuses centaines d'années, avant de se matérialiser, de se cristalliser dans l'écriture.

La plupart des religions n'ont pas été épargnées par les fanatiques, les guerres, les massacres ; mais ne faisons pas d'amalgame : il y a d'un côté les textes, les écritures (Bible, Torah, Coran, Veda....) et de l'autre, les hommes souvent attirés par le pouvoir.

Les écritures contiennent des trésors cachés (comme nous-mêmes). Il existe à côté des interprétations historiques voire allégoriques, des interprétations plus profondes et qui touchent à l'essence.

Pour cela, il faut pénétrer la lettre, le son, le nombre, le symbole, en un mot l'ésotérisme (connaissance cachée) qu'on retrouve dans presque toutes les religions, toutes les traditions. Mais la voie qui nous mène vers nous-même ne passe pas obli-

1. Relier : dans ce terme le *Re* exprime donc qu'avant on était lié.

gatoirement par l'ésotérisme qui peut rester très intellectuel et nous conduire sur de faux sentiers.

Pour bien parler du Créateur et de ses Grands Mystères, il faut être un wichasha wakan, un guide spirituel qui parle la langue sacrée et secrète d'Hanbloglaka, dont les mots jaillissent du monde des rêves ; il faut voir avec l'œil de l'esprit plus qu'avec les yeux proprement dits. Il faut parler 'par la Pipe', c'est-à-dire ne dire que la vérité[1].

Attention, trop de savoir intellectuel peut nous écarter de la voie qui mène à la connaissance. L'ésotérisme est un outil d'éveil comme l'est aussi la vie de tous les jours si on sait la décoder. Cet éveil peut rendre intelligible à l'Être humain ce que les sens ne peuvent comprendre.

Un guide est souvent nécessaire pour cette quête.

Lorsque le disciple est prêt, le maître arrive. On ne cherche pas un maître, on le rencontre.

Mais tout ne peut être donné d'emblée, trop de lumière peut aveugler, vouloir monter trop vite, trop haut peut nous brûler les ailes comme dans le mythe d'Icare. C'est pour cela qu'il nous faut lever le voile petit à petit.

Ne donnez pas aux chiens ce qui est sacré, et ne jetez pas vos perles devant les pourceaux, de peur qu'ils ne les piétinent, et, en se retournant, ne vous déchirent[2].

Alors, si on ouvre notre esprit, notre imaginaire et qu'on laisse les contes, les mythes, les légendes et leurs symboles nous informer, tout s'éclaire.

On s'aperçoit avec surprise que toutes les religions ne présentent pas de discordances profondes.

Bien sûr, l'extérieur (exotérisme) est apparemment différent, mais nous savons maintenant qu'il ne faut pas se fier aux apparences, et au paraître...

Et il a fallu séparer, diviser les peuples par leur langage (Tour de Babel) afin qu'un jour ils retrouvent par eux-mêmes

---

1. Archie Fire Lame Deer, *Le cercle sacré,* Albin Michel, 1995.
2. Mathieu **7** 6.

le chemin de l'unité dans leurs différences et qu'un jour on puisse écrire Chrétien = Juif = Hindouiste = Taoïste = Bouddhiste = Musulman =, etc. = Homme.

C'est dans cette différence que les hommes doivent se compléter et s'Aimer.

Le message d'Amour (clef qui ouvre toutes les portes) est présent partout dans l'homme, médiateur entre ciel et terre.

La religion devrait permettre à un chrétien, un juif, un musulman, un bouddhiste, un hindouiste, un taoïste, etc. d'être un homme meilleur car nous venons tous de la poussière et nous retournerons tous à la poussière. Mais cette poussière de notre Genèse a pris vie du souffle divin et la quête consiste à retrouver en nous la source de notre origine quelle que soit la tradition. La religion est une et il ne peut en être autrement ; la spiritualité originelle a été donnée à l'humanité et aux peuples de la terre sous différentes formes. Elles contiennent toutes le trésor, le secret et le sacré de la vie.

Dans notre culture judéo-chrétienne, la trace de la tradition primordiale se trouve dans la Bible, incarnée par des Êtres qui apparaissent et disparaissent dans le récit, de façon mystérieuse. Ces détenteurs de la tradition viennent, transmettent et repartent.

Dans la Genèse, Melkitsédeq (Roi de Justice, Roi de Paix, Roi de Salem) offre la pain et le vin à Abram (avant qu'il ne devienne Abraham). Il le bénit et en reçoit la dîme. Le peuple hébreu devient alors dépositaire de cette connaissance traditionnelle qui est d'évidence antérieure à lui et dont la substance se trouve enfermée de manière subtile et voilée dans la Bible.

Tous les messages religieux sont clairs :

Non agression, non violence, non jugement, non pouvoir, non profit sur l'autre, charité, humilité, partage, tolérance, pardon, compassion, Amour du prochain comme soi-même.

Dans nos civilisations technologiquement et scientifiquement avancées, ces notions sont encore loin de prendre vie comme le ciment nécessaire pour l'évolution de nos sociétés.

Plus nous serons nombreux à éveiller nos consciences, plus le monde évoluera. Alors continuons la recherche de l'essentiel et de l'Amour qui est caché au plus profond de nous-même.

Toute âme qui s'élève, élève le monde.

Cette action d'une haute portée est accessible à tous ceux qui ont la volonté de la désirer, sans aucune notion d'élitisme intellectuel ni de paraître social.

Qui sait comment vit un grand maître, où il va, qui il voit, comment il répand l'enseignement ? Une orthodoxie se forme ; mais en coulisses, très loin peut-être, d'autres ont aussi reçu la Voie dans des conditions différentes en y percevant d'autres accents. Peut-être feront-ils leur apparition plus tard, à moins qu'ils ne se manifestent jamais. Mais leur influence ne pourra pas moins en être décisive[1].

Et si cette quête nous permettait de faire vivre en nous l'écriture... Dans notre civilisation judéo-chrétienne, les textes de référence sont les livres de la Bible séparés entre l'Ancien Testament (la Torah pour les juifs) et le Nouveau Testament (les Évangiles pour les chrétiens). L'Ancien Testament est la référence à la loi, à la règle (image du père) et le Nouveau Testament à la miséricorde, à l'Amour (image de la mère). Cette notion d'Amour est déjà contenue dans l'Ancien Testament (dans le Cantique des Cantiques par exemple).

Le Cantique des Cantiques n'est-il pas un chant d'amour comme le plus sacré de tous les enseignements sacrés[2].

Le but de l'Être humain est de sortir du non-Être pour rentrer dans son Être, sortir de son esclavage intérieur, son *Égypte intérieure,* pour trouver sa terre promise, son moi, sa liberté, sa Jérusalem terrestre.

L'Être, en restant fidèle à lui-même, entrevoit la possibilité de retour à la source : sa Jérusalem céleste, le soi intemporel et authentique.

Le peuple élu est alors le peuple des Êtres en voie de libération intérieure sur un chemin entre loi et miséricorde et cela

---

1. Jacob Needleman, *À la recherche du christianisme perdu,* Albin Michel, 1990.

2. Rabbi Nachman Breslau, *La chaise vide pour trouver l'espoir et la joie,* Table ronde, 1995.

s'adresse à toutes les nations, à tous les peuples, à l'humanité toute entière..

Dans cette symbolique, on peut trouver une suite logique entre Ancien et Nouveau Testament, entre ce vieil homme esclave de lui-même (qui est en nous) et ce jeune homme (homme nouveau) qui renaît à la vie nouvelle, pleine de liberté et d'Amour...

Y aurait-il plusieurs dieux ?

Un Dieu jaloux qui punit, bien que miséricordieux et bienveillant, qui s'adresse aux hommes par le filtre des prophètes pour leur apprendre la vie matérielle et un Dieu rédempteur, tout pardon qui envoie son fils, ce Messie, pour les « sauver » et leur apprendre l'Amour, le don gratuit de soi, et la voie du retour à la vie éternelle.

Non bien sûr !

Sortons de notre matérialité, découvrons le messie qui est en nous, que les uns l'appellent Christ, que les autres l'attendent, que d'autres encore le nomment autrement, qu'il ait existé historiquement ou non, qu'importe, pourvu qu'il nous montre le chemin qui permet de sublimer notre condition matérielle par l'Amour et la Foi.

D'ailleurs les dix commandements donnés à Moïse expriment cette nécessité de *se brancher au ciel, à la terre et sur soi-même.*

– les trois premiers commandements font appel à la loi divine (le ciel).

– le quatrième est un temps de vacuité, d'interprétation, de méditation de cette loi (soi-même).

– les six derniers font appel à la morale et à la loi des hommes (la terre).

Mais si on les transpose sur soi-même, ils sont aussi l'annonce du retour au ciel... Là est sans doute une petite parcelle de vérité.

Seule la plongée métaphysique dans l'infini de l'UN ou du Soi peut nous permettre de respecter l'infinie diversité des Êtres et des choses, car la sagesse métaphysique s'épanouit en AMOUR INTÉGRAL, fruit de la CONNAISSANCE. Il nous sera alors possible de reconstruire cette Jérusalem Terrestre que nous appelons de nos vœux, mais une Jérusalem moderne où les cyclotrons seront des cathédrales et les mathématiques des chants grégoriens, et de contredire enfin ce dicton chinois malheureusement plus d'actualité que jamais : Quand un Sage montre la Lune du doigt, la très grande majorité des hommes ne regarde que le doigt[1].

1. Texte anonyme.

Du paradis intérieur

Je commence à me souvenir : il y a longtemps, très longtemps, j'ai perdu la clé du paradis. Maintenant, je vais la retrouver.

Avant d'aborder ce chapitre, il faut bien comprendre que les textes que nous possédons de l'Ancien Testament (la Torah pour les juifs) sont des traductions de l'hébreu.

Cette langue, comme d'autres, est très riche car elle permet pour les connaissants, de nombreux niveaux de lecture leur permettant de trouver la substantifique moelle du message.

On retrouve ici encore, l'autre étymologie du mot *religion* : relire ou lire avec attention.

Il y a donc la narration simple, l'allégorie et bien d'autres niveaux de compréhension dans les textes. Ce champ d'investigation est tellement vaste qu'une vie d'homme et tous les ordinateurs du monde ne suffiraient pas à décrypter ces documents.

Le génie le plus lumineux de l'histoire scientifique britannique [Newton] *avait consacré la plus grande partie de son temps à des spéculations mathématico-mystiques. Il était en effet convaincu que la Bible n'était pas seulement un texte littéraire, mais aussi et surtout un document codé, une sorte de table de logarithmes où toutes les lois naturelles et tous les événements de l'histoire humaine étaient « programmés » de façon précise*[1].

---

1. In *Valeurs Actuelles* – 5 juillet 1997.

La Bible, livre de révélation, contient sans doute toute l'histoire de l'univers depuis sa création jusqu'à sa fin. Elle a sûrement en elle tous les futurs.

Par son libre arbitre, l'humanité qui s'éveille à la conscience, en harmonisant son âme, a la possibilité d'accéder au meilleur futur possible.

La Bible ne serait-elle pas, à l'image de l'ADN de nos cellules, un immense livre dont la quasi totalité des chapitres serait encore inaccessible à notre connaissance ? Ce livre contiendrait comme l'ADN la mémoire de notre jardin d'Éden dans le temps sans temps d'avant la création.

Ce qui va suivre n'est qu'un essai de compréhension spirituelle logique à partir du texte français et avec l'aide de certaines traductions. Cette tentative n'est surtout pas un enseignement, mais elle peut générer en vous le désir de comprendre un peu mieux vos traditions respectives et vos textes sacrés.

Allons donc encore un peu plus loin dans l'analogie symbolique du dessin qu'il vous a été demandé de réaliser avec *un arbre, une maison, de l'eau, un soleil, un serpent.*

Ne nous rappelle-t-il rien ? Ne présente-t-il aucune ressemblance ?

Ce paysage intérieur ne pourrait-il pas se mettre en phase avec notre jardin d'Éden – notre paradis intérieur...

Qu'y avait il donc dans ce jardin d'Éden ?

L'Éternel-Dieu façonna l'homme poussière détachée du sol, fit pénétrer dans ses narines un souffle de vie et l'homme devint un Être vivant.

L'Éternel-Dieu planta un jardin en Éden vers l'Orient et y plaça l'homme qu'il avait façonné.

L'Éternel-Dieu fit surgir du sol des arbres, toutes espèces d'arbres, et l'arbre de vie au milieu du jardin avec l'arbre de la science du « Bien et du Mal », un fleuve sortait d'Éden pour arroser le jardin se divisant en quatre bras [...]

« Tous les arbres du jardin, tu peux t'en nourrir.

Mais l'arbre de la science du Bien et du Mal, tu n'en mangeras point car du jour où tu en mangeras, tu dois mourir... »

L'homme imposa des noms à tous les animaux qui paissent, à tous les oiseaux du ciel, à toutes les bêtes sauvages. Mais pour lui-même, il ne trouva pas de compagne assortie.

L'Éternel-Dieu fit peser une torpeur sur l'homme qui s'endormit, il prit une de ses côtes et la présenta à l'homme [...]

Celle-ci sera nommée Isha car elle a été prise de Ish.

C'est pourquoi l'homme quitte son père et sa mère et s'unit à sa femme et ils deviennent une seule chair. Or, ils étaient tous deux nus, l'homme et sa femme et ils n'en éprouvaient point de honte.

Mais le serpent était rusé.

Le serpent dit à la femme [...]

« Non, vous ne mourrez point. Mais Dieu sait, que du jour où vous en mangerez vos yeux seront dessillés et vous serez comme Dieu, connaissant le bien et le mal. »

La femme jugea que l'arbre était bon comme nourriture, qu'il était attrayant à la vue et précieux pour l'intelligence. Elle cueillit de son fruit et en mangea. Puis en donna à son époux et il en mangea...

C'est lors d'une torpeur que Dieu fait peser sur l'homme, et une fois celui-ci endormi, qu'Il crée l'archétype féminin à partir d'une côte, ou plutôt du côté non accompli de l'Être, de ce côté qui s'exprime dans le sommeil.

Dieu interdit à l'homme de manger le fruit de l'arbre de la dualité, mais on sait que le fait d'empêcher un enfant de faire quelque chose le pousse à transgresser cet ordre. Dans ce texte, Dieu veut sûrement que l'homme passe outre.

– Dieu dit au serpent :

Parce que tu as fait cela, tu es maudit entre tous les animaux ; Tu te traîneras sur le ventre, tu te nourriras de poussière ; Je ferai régner la haine entre toi et la femme.

Le serpent : le fautif apparent.

Il se déplacera à l'horizontale, symbole de matérialité ; il se nourrira de poussière (encore de la matière) ; il fera naître la haine qui déclenche le cycle de l'ego qui nous écarte un temps, de la spiritualité. On peut donc penser qu'avant la chute, le serpent se déplaçait aussi dans le plan vertical.

La haine nous met encore plus dans le matériel, le serpent est donc le moteur de notre système involutif.

Dans la tradition orientale, la Kundalini symbolisée par le serpent, est l'énergie d'éveil qui mène à la conscience ultime, à la réalisation suprême, à la plénitude de l'Être. Elle monte verticalement le long de la colonne vertébrale afin d'ouvrir tous les centres d'énergie.

Dans notre tradition judéo-chrétienne, le serpent emmène l'homme dans l'horizontalité, la dualité, la séparation. Il symbolise la force d'involution que l'on a interprété à tort, semble-t-il, comme force satanique, diabolique, forces du mal. Mais ce serpent contient en lui le secret de la verticalité, des forces évolutives qui permettent d'accéder à l'unité, à la réunion. D'ailleurs, cette notion décrite par les orientaux avec leur « serpent de Feu » se retrouve aussi dans notre tradition avec le serpent d'airain que Moïse élève dans le désert et auquel le Christ s'identifiera, un serpent de guérison et de vie éternelle à l'image de la Pierre Philosophale des alchimistes.

On retrouve le serpent dans le caducée d'Hermès, emblème des médecins et des pharmaciens et sur le bâton d'Esculape, toujours symbole de guérison. Esculape, nom latinisé d'Asclépios le dieu guérisseur de toutes les maladies, avait été foudroyé par Zeus pour avoir voulu arracher les hommes à la mort. Mais en foudroyant Asclépios, Zeus consacre également en lui la puissance du guérisseur et le savoir du médecin. Et c'est *au nom d'Esculape* que le médecin hippocratique prête son fameux serment. Le serpent contient donc en lui, si l'on transforme sa haine apparente en Amour, tous les secrets de guérison de l'âme.

C'est une fois qu'ils eurent mangé le fruit qu'ils connurent qu'ils étaient nus, ayant la connaissance du manifesté et du non manifesté, du visible et de l'invisible, du principe masculin et du principe féminin que l'on a traduit à tort par l'homme et la femme, le bien et le mal.

L'involution se fait vers le visible grâce au serpent.

Le paradis

Principe
Nombre « 1 »
Homme androgyne = adamah
« Je suis »

Révélation
Nombre « 3 »
Retour à la source
« Je suis et j'existe »

Ish et Isha

Serpent... Fruit

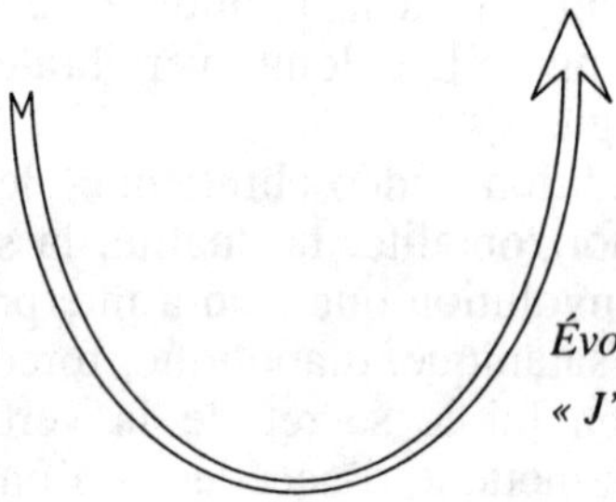

⇩ *Involution (chute)*
« J'existe »

Évolution (éveil) ⇩
« J'existe et je suis »

Manifestation-création
Nombre « 2 »
Tunique de peau
Adam et Ève

– Dieu dit à la femme :

J'aggraverai tes labeurs et la grossesse. Tu enfanteras dans la douleur. La passion t'attirera vers ton époux et il te dominera.

Beaucoup de travail est nécessaire pour accéder à la connaissance.

La douleur sera très souvent associée à l'éveil de l'Être.

Le côté manifesté masculin dominera car lui seul sera visible : seul le corps physique est visible.

L'autre côté, l'intuitif, l'invisible, sera poussé à s'éveiller par passion, c'est-à-dire sera attiré par la conscience pour réaliser les épousailles intérieures.

L'Être se laisse séduire par le côté *attrayant à la vue* et *précieux pour l'intelligence.* Or, nous savons que tout ce qui brille n'est qu'illusion, n'est que paraître. Mais il est nécessaire à l'Être de venir dans l'avoir et la transgression va l'y mener.

Il veut devenir comme Dieu, séparé de lui, alors que le but final est d'être en Dieu.

– Dieu dit à l'homme :

Parce que tu as cédé à la voix de ton épouse et que tu as

mangé de l'arbre dont je t'avais enjoint de ne pas manger, maudite est la terre à cause de toi.

C'est avec effort que tu en tireras ta nourriture...

Elle produira pour toi des buissons et de l'ivraie et tu mangeras l'herbe des champs. C'est à la sueur de ton visage que tu mangeras du pain jusqu'à ce que tu retournes à la terre car poussière tu fus et poussière tu redeviendras.

L'homme donna pour nom à sa compagne Ève parce qu'elle fut la mère de tous les vivants.

Et Dieu fit pour l'homme et pour sa femme des tuniques de peau et les en vêtit.

Le côté invisible de l'Être est ontologiquement attiré par passion vers l'autre côté car il a nécessité de se révéler dans la manifestation.

La voie spirituelle est difficile, semée d'embûches, de mauvaises herbes, de buissons mais on sait que le buisson peut aussi être un guide (buisson ardent qui a guidé la mission de Moïse dans l'Exode).

La nourriture spirituelle se trouvera par le travail sur soi-même. Il faudra transpirer tout en découvrant que la matière n'est que poussière et illusion.

On retrouve dans ce texte tous nos éléments.

– Un arbre

L'arbre symbolise l'axe du monde, la verticalité de l'Être. On le retrouve dans de nombreuses traditions, dans les contes, mythes et légendes, dans la forêt qui est très souvent mystérieuse et enchantée. Il exprime aussi par son origine végétale le symbolisme lié au temps à la fois mortel et éternel comme la graine qui meurt pour renaître.

L'arbre de vie et l'arbre de la science du bien et du mal, c'est l'Adam primitif, l'androgyne, l'Être éternel contenant la dualité (Ish et Isha) en potentialité, tout le plan de réalisation de l'Être.

Cet arbre est l'Homme lui-même (homme et femme), dans ses deux côtés conscient et inconscient, relatifs aux deux pôles respectifs mâle et femelle, que l'Hébreu nomme : accompli et non encore accompli[1].

L'arbre de vie est le symbole d'unité et d'éternité menant à l'Être. L'arbre de la connaissance est à l'image de la maison où s'exprime la dualité du couple. L'arbre de vie et l'arbre de la connaissance se trouvent tous deux au milieu du jardin d'Éden, ils sont donc confondus. Ils sont un seul et même arbre mais on peut dire aussi, qu'à eux deux ces deux arbres sont trois : (1) l'arbre de vie menant à la sagesse puis à la connaissance et à la vie éternelle, (2) l'arbre du visible exprimant la force dans le monde, (3) l'arbre de l'invisible exprimant la beauté cachée, synonyme de l'amour présent au plus profond de la matière.

Toute cette symbolique est concentrée sur le *caducée,* déjà cité. Il se retrouve dans de nombreuses traditions. Il devient l'emblème d'Hermès, le messager des dieux, le passeur d'âmes, au carrefour des cultures grecque, égyptienne (Thot) et romaine (Mercure). Hermès est un Être à part, tout comme nous l'avons vu avant avec Melkitsédeq ; il est un transmetteur de la Tradition. Ce *caducée* est une baguette ailée autour de laquelle s'enroulent en sens inverse deux serpents (en double hélice). Ces deux serpents symbolisent la dualité, l'arbre de la connaissance de l'accompli et du non-encore accompli, l'involution et l'évolution qui conduit à la révélation. L'arbre de vie, l'axe du monde, représenté par la baguette ailée, véritable baguette du magicien qui donne guérison spirituelle et éternité, et permet, grâce aux ailes, l'élévation à une haute altitude de l'Être.

Il est intéressant de raisonner sur le fait que si l'homme intègre en lui le fruit de l'arbre de la connaissance, il doit mourir. Il meurt à son état paradisiaque pour vivre cette dualité instinctuelle dans la manifestation et la création. Puis il devra dépasser son état mortel de non-Être pour accéder de nouveau à sa dimension originelle et éternelle d'Être. L'évolution consistera pour l'Être humain (homme ou femme) en la redécouverte de son côté invisible, intuitif, par la transformation des

1. A. De Souzenelle, *L'Égypte intérieure,* Albin Michel, 1991.

énergies pulsionnelles apparemment négatives et que le serpent incarne.

La transgression est nécessaire, elle va permettre à l'Être divin de chuter vers son animalité, de connaître la mort : il se revêt, dans la dualité, de *tunique de peau,* (ils se connurent homme et femme). Mais pour trouver la vraie vie, la vie éternelle, il lui faudra rejoindre son origine par la voie spirituelle et devenir le fruit de l'arbre de vie.

Lorsque l'éveil nous prend, que l'inconscient devient conscient, la quête spirituelle nous attire vers cette compréhension de notre état originel, de notre condition paradisiaque, d'avant l'événement mythique, la chute.

– Un serpent

Le serpent est rusé et trompeur mais nécessaire à la transgression qui va permettre l'involution dans la matière, base de la quête vers l'évolution dans l'Être.

– Un soleil

Le jardin est à l'Orient, lieu où le soleil se lève, origine de la lumière et du temps sacrés, jardin protégé par les chérubins et leur épée flamboyante faisant référence à la loi, à la règle, *au père,* se mettant aussi en analogie avec Ish l'époux, l'homme, le manifesté, le visible.

– L'eau

Un fleuve se divisant en quatre bras. Ce sont les quatre éléments, les quatre niveaux de l'Être (physique, biologique, psychique, spirituel), quatre énergies nourricières permettant de qualifier l'Être à la quête, amenant la référence d'amour *comme la mère,* se mettant aussi en analogie avec Isha, l'épouse, la femme, le non-manifesté, l'invisible.

– La maison

Elle représente l'espace sacré, la demeure de l'Être avant qu'il eût transgressé l'ordre divin.

L'homme est placé dans le jardin *des délices* ; le jardin est sa demeure, demeure divine, foyer où la chaleur, l'amour, doivent régner.

En résumé, le chemin est clair...

Il faut transgresser, manger du fruit défendu pour connaître la dualité de la matière et la mort. L'Être humain chute vers son animalité avec sa tunique de peau (déguisement), montrant là encore, toute l'illusion de la matière. L'involution se termine dans la Manifestation.

Le serpent continue son *faux* mensonge : *Vos yeux seront dessillés.* Il fait croire à la femme que leurs yeux seront ouverts à la vision vraie, qu'ils seront comme Dieu.... Mais cette vision permet dans la création de voir un monde d'illusion.

L'étymologie la plus fréquente de dessiller renvoie aux cils : dessiller les yeux c'est amener quelqu'un à voir ce qu'il ignorait. Une autre étymologie peut paraître intéressante, c'est *Sil* qui en latin signifie argile rouge ou jaune. Dessiller renverrait alors à une notion traditionnelle où l'Être doit s'extraire d'une *materia prima,* l'argile[1], s'extraire de sa condition d'argile, de matière non créée, incréée, pour entrer dans la manifestation avant de conquérir son Être.

L'homme possède en lui le germe qui peut lui permettre d'accéder à la vie éternelle. Il lui faut trouver le chemin du retour, le chemin de l'évolution qui mène à la source et à l'origine de tout. Il devra être suffisamment qualifié et éveillé pour passer la porte du jardin gardée par les chérubins porteurs de l'épée flamboyante, et accéder enfin au Paradis.

À celui qui vaincra, je donnerai à manger l'arbre de vie qui est au milieu du paradis de Dieu[2].

Pour continuer cette analogie symbolique, on aurait pu prendre d'autres traditions que la Bible, d'autres mythes. Par exemple, dans le conte de la Belle au Bois Dormant, l'aventure, dans son sens étymologique, va amener le prince sur la voie royale de sa réalisation ultime ; il sera guidé par son pouvoir prophétique...

L'**arbre** symbolise l'Être duel homme et femme.

• La femme : la belle, correspond à la connaissance endor-

1. En hébreu, terre glaise se dit adamah (Adam).
2. *Apocalypse* **2** 7.

mie, le côté non manifesté et invisible de l'Être, l'archétype du parfait féminin.

• L'homme : le prince, est le côté manifesté et visible de l'Être, l'archétype du parfait masculin qui incarne courage, engagement, volonté et responsabilité.

La maison fait référence au château, lieu de la présence, de la filiation, de la transmission. La forêt enchantée, les buissons et les épines sont les veilleurs et les gardiens des secrets.

Le **serpent** incarne la *méchante* fée.

Le **soleil** correspond au roi (papa).

L'**eau** symbolise la reine (maman).

Le côté visible de l'Être en quête d'union avec le côté invisible grâce à son courage et à sa volonté affronte les épines et les buissons qui sont les gardiens et les veilleurs des secrets. La passion qui guide ses pas et la magie de son amour lui permettront d'accomplir sa quête sacerdotale.

Les deux principes masculin et féminin s'uniront par le baiser du prince qui éveillera la princesse.

C'est donc *uniquement par l'amour* que peut s'éveiller en nous la connaissance qui sommeille depuis la nuit des temps afin de transmettre.

Croissez et multipliez. Ils se marièrent et eurent beaucoup d'enfants.

Et les cristaux scintillèrent à tout jamais dans leurs yeux et dans leurs cœurs de mille éclats et de mille couleurs...

Prière indienne

Ô Grand Esprit dont j'entends la voix dans les vents et dont le souffle donne vie à toutes choses, Écoute-moi.

Je viens vers toi comme l'un de tes nombreux enfants.
Je suis faible... Je suis petit...
J'ai besoin de ta sagesse et de ta force.

Laisse-moi marcher dans ta beauté et fais que mes yeux aperçoivent toujours les rouges et pourpres couchers de soleil.

Fais que mes mains respectent les choses que tu as créées et rends mes oreilles fines pour qu'elles puissent entendre ta voix.

Fais-moi sage, de sorte que je puisse comprendre ce que tu as enseigné à mon peuple et les leçons que tu as cachées dans chaque feuille et chaque rocher.

Je te demande Force et Sagesse, non pour Être supérieur à mes frères, mais afin d'Être capable de combattre mon plus grand ennemi : moi-même.

Fais que je sois toujours prêt à me présenter devant toi avec des mains propres et un regard droit.

Ainsi, lorsque ma vie s'éteindra comme s'éteint un coucher de soleil, mon esprit pourra venir à toi sans honte.

OJIBWA [1]

---

1. Spiritualité indienne.

Visualisation – Méditation

Oublie tout ce que tu viens de lire dans ce livre.

Installe-toi dans un endroit calme sans trop de lumière.

Si possible toujours au même endroit, à la même heure, tous les jours, un endroit secret, presque sacré dans l'intimité de ton Être, ton endroit.

Comme le renard du Petit Prince, crée-toi un rite, ton rite.

Mets-toi à l'écoute de ton Être, éventuellement une musique douce peut remplir l'espace.

Prends quelques inspirations et expirations profondes, inspire par le nez pendant que ton ventre se gonfle, expire par la bouche pendant que ton ventre se vide.

Puis tu vas relâcher tous tes muscles les uns après les autres en les visualisant du haut vers le bas.

Tout ton corps est relaxé, en état de réceptivité.

Goûte quelques instants cet état de détente profonde.

Tu ne sais plus si tu es sur le sol ou si le sol est en toi.

Avec ta baguette magique, abolis le temps et l'espace, chausse une nouvelle fois tes bottes de sept lieues.

Laisse ton imaginaire vagabonder aux frontières de l'infini, aux limites des mondes, aux confins du réel.

Éveille en toi ton génie intérieur, celui qui peut te parler.

Écoute ta conscience, écoute ton Être, entends l'appel qui vient d'ailleurs.

Dans cet état de bonheur intense, tu aperçois une étroite fenêtre fermée.

Dans ta poche tu as retrouvé la clé de ce passage, tu ouvres la fenêtre et tu accèdes à un endroit merveilleux, ton paysage intérieur, ton paradis, ton Jardin d'Éden.

Fais le premier pas et entre dans la cité que tu avais perdue, au centre de ton cœur et regarde en toi avec l'œil de la connaissance.

Une fabuleuse nature, un paysage extraordinaire dégageant une joie, une harmonie et une beauté intense sont là, à portée de ta main.

Dans le ciel un merveilleux soleil réchauffe l'atmosphère, éclaire et illumine tout ton Être en transformant tout en énergie bienfaisante.

Dans ce monde de l'ailleurs intemporel, tu entends le clapotis du ruisseau qui serpente dans les champs verts et fleuris et qui alimente l'arbre, un chêne plusieurs fois centenaire.

Ressens aussi les énergies bienfaisantes de l'eau qui inondent tout ton Être.

Ressens l'harmonie du soleil et de l'eau, de l'action juste et de la miséricorde, du masculin et du féminin qui se marient et s'unissent en toi.

Laisse-toi bercer comme un petit enfant par le doux bruissement du vent dans les feuilles et les branches de l'arbre.

Ressens en toi la force, la stabilité et l'épanouissement fantastique de l'arbre.

Imprègne-toi de son énergie, de sa sagesse et de son amour.

Tu es bien, tu t'allonges sur ce matelas d'herbe grasse, sur cette terre-mère, matrice du monde.

Ressens en toi toutes les odeurs émanant de cette végétation.

Un serpent se promène dans ce cadre paradisiaque, s'exprime et s'extériorise, se réchauffe à la chaleur des pierres, un serpent qui rassure car c'est lui qui va mettre du mouvement dans cet état de paradis.

Ce serpent va t'aider à trouver le chemin qui mène à la source de l'Être.

Il est l'initiateur de ta quête.

Ressens son énergie, pas toujours facile à comprendre, elle te met sur le chemin.

Plus loin, une ferme, pleine de couleurs et de chaleur, des rideaux et des fleurs à toutes les fenêtres, une cheminée qui fume.

Une maison où les hommes, les femmes et les enfants se retrouvent pour communiquer entre eux dans la joie et la bonne humeur.

Une maison où tu vas entrer et t'unir aux autres après les travaux des champs.

Ils vont te raconter autour du feu, des histoires, des contes et des légendes... celles qu'on se raconte de père en fils, de mère en fille, de génération en génération, depuis la nuit des temps et qui t'informent.

Tu apprends à désapprendre, tu sais ne rien faire, tu ne t'appartiens plus, tu n'es plus toi.

Tu apprends à Être, tu ressens l'impermanence qui nous lie dans la fusion du soi.

Tu es l'autre... l'autre est toi.

Tu n'as plus de limite ni dans le temps ni dans l'espace, tu es ce jardin merveilleux, tu es le soleil, l'eau, l'arbre, la maison et le serpent, tu es le rien qui contient le tout, tu es le tout *omnipotent, omniscient, omniprésent.*

Après sublimation de ton état de matière, tu es l'Amour qui anime ce paradis...

Dans cette extase tu te laisses aller dans les nimbes de l'Être, tu es le commencement et la fin, tu es la lumière et l'amour, tu es les cristaux qui scintillent. Tu entends l'appel et tu l'écoutes.

Illumine tout ton Être, reste le temps que tu désires dans cette fusion à l'âme du monde, à l'âme de l'univers.

Puis, lorsque par ta volonté tu le décideras, tu concluras ce moment intense.

Tu reviens serein de ce voyage sans fin ni début, ici et maintenant.

Reprends conscience, tout doucement, de ton corps et reprend conscience de l'endroit et du temps où tu es, ainsi que des bruits qui t'environnent.

Ouvre les yeux, et fait un sourire à la vie.

Tu sais que tous les jours, tu peux atteindre en quelques instants cet état de conscience qui relie ton ciel et ta terre.

À partir de ce monde merveilleux, tu peux maintenant rayonner ici-bas, à l'extérieur de toi-même, les cristaux qui scintillent à tout jamais, de mille éclats et mille couleurs au fond de ton cœur.

Conclusion

J'ai trouvé quelques réponses à mes questions et je peux les formuler ainsi :

Avant de venir ici et maintenant, si on peut parler d'avant... j'étais au jardin d'éden, dans l'ailleurs intemporel de l'Être.

Grâce à mes parents, et au travers d'eux, j'existe dans l'espace et le temps de la manifestation et de la création. Mais j'ai oublié que l'Amour est en moi, caché au plus profond de mon cœur. D'ailleurs j'ai tout oublié.

Par mes souffrances, mon savoir, mon intelligence, je me pose les questions existentielles que l'homme se pose depuis longtemps, très longtemps... Par ma curiosité, le voile se lève, la quête s'ouvre devant moi.

Je m'engage en toute liberté et avec joie sur le chemin tracé depuis la nuit des temps par les *Anciens*. Guidé par mon enthousiasme, avide de connaissance, je me Lève et je Marche vers cette source intarissable et magnifique. Je prends conscience qu'en existant par mon ego, je reste à l'extérieur et que le but à atteindre est d'Être à l'intérieur. D'être quoi ?

Amour ! Évidemment ! Ou Être ! Tout simplement.

Sans brûler les étapes, je me rassasie avec appétit de cette nourriture d'un autre monde, d'un autre temps que je partage avec d'autres.

Cette nourriture essentielle, originelle, attire mon espérance vers une foi infinie en *ce quelque chose de plus grand que moi en moi*. Elle me fait comprendre ma vie, mes joies, mes peines, relativiser les drames, elle remplit mon Être d'Amour. Le mariage secret et sacré de mon masculin et de mon féminin est proche.

Je deviens un Homme avec un grand H, libre de son ego, conscient du but et de l'enjeu de la vie et je suis capable d'Aimer mon prochain comme moi-même.

J'ai retrouvé la clé de mon jardin intérieur.

Je le libère de ses mauvaises herbes.

Je le cultive et l'alimente de l'essentiel.

En moi, je ressens la chaleur, la beauté et la lumière des cristaux qui scintillent de mille éclats et de mille couleurs.

Je les rayonne autour de moi afin que d'autres entreprennent la quête.

Cet Amour est le seul bien que j'emmène avec mon Être lorsque je passe de l'autre côté du monde de l'illusion, en deçà du cadre et de l'écran de la vie matérielle.

Alors, mon Être entre en communion avec la vérité, la réalité, la connaissance, la lumière, l'Amour ultime.

Et il continue sa quête.

Bibliographie

Richard BACH, *Le Messie récalcitrant*, Flammarion, 1978.

Henry James BORYS, *Oser vivre en couple, une aventure spirituelle*, Amrita, 1995.

Pierrette BRÈS, *Marie de Magdala ou la vie révélée de Marie-Madeleine*, Michel Lafon, 1997.

Fritjof CAPRA, *Le Tao de la physique,* Sand, 1989.

Sylvie CHERMET-CARROY, *Comprenez votre enfant par ses dessins,* Mengès, 1986.

Paulo COELHO, *Sur le bord de la rivière Piedra, je me suis assise et j'ai pleuré,* J'ai Lu, 1997.

Régis et Brigitte DUTHEIL, *La médecine superlumineuse,* Sand, 1992.

Erich FROMM, *avoir ou Être,* Marabout, 1996.

Khalil GIBRAN, *Le sable et l'écume : livre d'aphorismes,* Albin Michel, 1995.

Khalil GIBRAN, *Le prophète*, Librio, 1997.

Stanislas GROFF, *La rencontre de l'homme avec la mort*, Le Rocher, 1982.

Docteur G. JAMPOLSKY, *Le Pouvoir de l'amour,* Vivez Soleil, 1992.

Carl Gustav JUNG, *Présent et avenir,* Denoël, 1970.

Docteur E. Kubler ROSS, *La mort est un nouveau soleil,* Le Rocher, 1994.

Jean Yves LELOUP, *L'Evangile de Marie,* Albin Michel, 1997.

Bernard MONTAUD, *César l'enchanteur,* Dervy, 1996.

Docteur Raymond MOODY, *Lumière nouvelles sur la vie après la vie,* Robert Laffont, 1978.

Docteur J. MURPHY, *Comment utiliser les pouvoirs du subconscient,* J'ai Lu, 1996.

Daniel ODIER, *Tantra,* Lattès, 1996.

Hubert REEVES-Joël DE ROSNAY-Yves COPPENS-Dominique SIMONET, *La plus belle histoire du monde : les secrets de nos origines,* Seuil, 1996.

Kenneth RING, *Sur la frontière de la vie*, Laffont, 1982.

Paule SALOMON, *La femme solaire,* Albin Michel, 1991.

Paule SALOMON, *La sainte folie du couple,* Albin Michel, 1994.

Hehaka SAPA, *Elan Noir parle, la vie d'un saint homme des sioux Oglalas,* Mail, 1993.

Annick DE SOUZENELLE, *Le symbolisme du corps humain,* Albin Michel, 1991.

Docteur C. SIMONTON, *Guérir envers et contre tout,* Desclée de Brouwer, 1982.

Claude STEINER, *Le conte chaud et doux des chaudoudoux,* Inter-Éditions, 1992.

Renée STORA, *Le test du dessin d'arbre,* Augustin, 1987.

Patrice VAN EERSEL, *La source noire*, Grasset, 1986.
– *Réapprivoiser la mort*, Albin Michel, 1997.

Bernard WOESTELANDT, *De l'homme-Cancer à l'homme-Dieu,* Dervy, 1995.

Paroles Indiennes, Albin Michel, 1993.

Tous les textes sacrés.................

Tous les contes, mythes et légendes.............

Mis en page par P.C.A.
44340 Bouguenais
Achevé d'imprimer sur les presses de

Impression : EUROPE MEDIA DUPLICATION S.A.
F 53110 Lassay-les-Châteaux
N° 5661 - Dépôt légal : Mai 1998